KB213396

긍정 뇌로
리프로그래밍

긍정 뇌로 리프로그래밍

매일 아침 읽으면 돈과 운이 쏟아진다

구와나 마사노리 지음
조여름 옮김

위즈덤하우스

차례

1장 인생이 안 풀리는 사람의 뇌

2장 부정뇌에서 긍정뇌로

3장 긍정뇌로 변화하는 습관

4장 뇌에 새로운 기억을 주입하는 방법

5장 뇌를 바꾸자 성공 시대가 시작됐다

긍정뇌가 인생을 좌우한다

잠재의식이 바뀌면 인생이 바뀐다. 이 말은 "잠자면서 성공한다"로 잘 알려진 조셉 머피(잠재의식의 아버지) 때부터 사용되던 것이다. 이미 잠재의식을 바꾸려고 시도해본 적이 있는 사람도 많을 것이다. 내가 이 책에서 다시 한 번 강조하고 싶은 것은 '잠재의식이 바뀌면 진짜 인생이 달라진다'는 사실이다. 잠재의식의 변화는 다양한 변화를 불러일으킨다. 예를 들면 다음과 같다.

· **성공한다.**
· **인간관계에 변화가 찾아온다.**

· **목표를 달성한다.**

· **파트너를 발견한다.**

　우리는 잠재의식에 따라 무의식적으로 움직인다. 우리의 말, 행동, 의사결정은 잠재의식에 존재하는 정보를 토대로 무의식적이고 자동적으로 이뤄진다. "무슨 소리야! 나는 어디까지나 나의 의지에 의해 움직이고 있다고!"라고 반박하는 사람도 있겠지만, 그 반박 역시 잠재의식의 영향을 받아 이뤄진 것이다. 그렇기 때문에 잠재의식을 '성공 모드'로 바꾸면 성공할 수 있고, '파트너 탐색 모드'로 바꾸면 파트너를 찾을 수 있다. 하지만 잠재의식을 리셋하고자 노력해본 사람 중에는 다음과 같은 불만을 토로하는 경우도 많다.

· **잠재의식을 리셋했는데 현실이 변하지 않는다.**

· **잠재의식을 리셋했는데 더 안 좋은 상태가 됐다.**

　오해를 무릅쓰고 말하자면, 잠재의식은 리셋되지 않는

다. 잠재의식에는 방대한 분량의 기억이 저장돼 있고 그것이 우리 인생에 영향을 미치는데, 일반적으로 우리가 생각하는 잠재의식의 리셋이라는 것은 잠재의식에 존재하는 부정적인 정보를 긍정적인 정보로 바꾸는 걸 말한다. 하지만 한번 잠재의식에 저장된 기억은 결코 사라지지 않는다. 그것이 긍정적인 기억이든 부정적인 기억이든 마찬가지다. 그럼에도 잠재의식을 바꾸면 인생이 바뀐다는 것은 사실이다. 리셋되지 않는 잠재의식을 어떻게 바꾸냐고 의아해하는 사람도 있을 것이다.

이제부터 잠재의식을 리셋하지 않고 바꾸는 방법을 이야기하고자 한다. 바로 '긍정뇌로 리프로그래밍'하는 것이다. 잠재의식을 리프로그래밍해서 긍정뇌로 거듭나려면 가장 먼저 아래 두 가지를 제대로 이해할 필요가 있다.

· 기억.
· **잠재의식의 메커니즘.**

기억과 잠재의식의 메커니즘을 제대로 이해하면 왜 잠재의식을 리셋했는데 현실이 변하지 않는지, 왜 잠재의식을 리셋했는데도 안 좋은 상태가 됐는지, 그 이유를 파악하고 대책을 세울 수 있다.

이 책에서는 우선 이 점에 관해 알아본 다음, 꿈꾸는 미래를 현실로 만들기 위해 효과적으로 잠재의식을 바꿔 긍정뇌로 리프로그래밍하는 다양한 방법을 소개할 예정이다. 긍정뇌를 갖게 되면 긍정적인 반응을 쉽게 할 수 있고 인생이 좋은 방향으로 나아간다. 현실을 바꾸기 위해서는 시간을 들여 올바른 습관을 만들어야 한다. 우선은 이론을 제대로 이해한 후, 가능한 것부터 하나씩 차근차근 습관을 들여보기 바란다.

구와나 마사노리

1장

인생이
안 풀리는
사람의 뇌

무의식의 영역에 답이 있다

사람들은 매일 다양한 행동을 하며, 그 하나하나의 행동이 모여서 현실이 된다. 지금까지와 같은 행동을 하면 지금까지와 같은 현실이 계속될 것이고, 지금까지와는 다른 행동을 하면 지금까지와는 다른 결과를 얻게 될 것이다. 각각의 행동을 할 때, 우리는 그 행동을 일으키는 의사결정을 내린다.

· **오늘은 무슨 일을 할까?**

· **무엇을 먹을까?**

· **이제부터 어디에 갈까?**

· **집에 가서 무엇을 할까?**

우리는 매일 이와 같은 수많은 의사결정을 내린다. 그

리고 이러한 의사결정은 대부분 무의식중에 이뤄진다. 물론 의식적으로 의사결정을 내릴 때도 있지만 그런 경우는 극히 일부에 불과하며 거의 대부분은 무의식적으로 의사결정이 이뤄진다. 예를 들어 회사에 갈 때 출근길을 정하는 방식에 관해 생각해보자. 대부분 다른 장소에 들러야 한다거나 출근길에 다른 볼일이 있지 않은 이상 특별히 의식하지 않고 같은 길로 출근하고 있을 것이다.

한 가지 더 말해보자면 평소에 '이런 일이 생기면 이렇게 하자'라고 정했다 하더라도 막상 그런 일이 생기면 사전에 정해둔 것과는 다른 행동을 하는 경우가 있다. 이것역시 무의식적이고 자동적으로 이뤄지는 의사결정의 결과라고 할 수 있다. 우리는 항상 의식적으로 많은 의사결정을 내리고 있지만, 동시에 그보다 훨씬 더 많은 의사결정을 스스로 의식하지 못하는 사이에 하고 있다.

무의식은 의식보다 훨씬 더 큰 힘을 지니고 있다. 무의식의 영역은 의식의 영역보다 훨씬 더 넓기 때문이다. 최신 뇌과학에서는 의식의 영역이 0.01~0.1퍼센트 정도에 불과한 반면 무의식의 영역은 99.9퍼센트 이상을 차지한다고 보고 있다. 그렇기 때문에 각각에 따른 영향력 역시 크게 차이 날 수밖에 없다.

무의식의 영역이 인생을 결정한다

이 책의 주제인 잠재의식이란 무의식의 영역을 뜻한다. '잠재의식의 힘은 대단하다'라고 하는 것은 잠재의식이 그만큼 넓은 영역을 차지하고 있기 때문이다. 잠재의식은 무의식이다. 즉, 잠재의식은 '무의식적'이고 '자동적'으로 작용한다. 예를 들어 컴퓨터 키보드를 보지 않고 문자를 입력하는 블라인드 터치를 떠올려보자. 처음에는 키의 위치를 하나하나 확인하면서 입력하다가 점차 키를 보지 않고도 입력할 수 있다. 블라인드 터치가 가능해지면 '여기에 A가 있었지'라고 일일이 생각하지 않는다. 그저 무의식적이고 자동적으로 손가락을 움직일 뿐이다.

걷는 행위도 마찬가지다. '오른발을 앞으로 내딛고 다음은 왼발…' 하는 식으로 일일이 생각하면서 걷는 사람은 없을 것이다. 우리는 모두 무의식적으로 근육을 움직여서 자동적으로 균형을 잡으며 걷고 있다. 이처럼 잠재의식은 일상 속 다양한 장면에서 작용하고 있다. 우리가 깨닫지 못하는 사이에 무의식적이고 자동적으로.

우리 사무실에는 다양한 사람들이 찾아온다. 그들은 저마다 소원이 있고, 그 소원을 이루기 위해 다양한 방법을 시도한다. 하지만 아무리 소원을 이루고자 노력해도 잠재의식 속에 그 소원이 이뤄지는 데 방해되는 요인이 존재한다면 무의식적이고 자동적으로 그에 반하는 행동을 하기 때문에 소원을 이루기는 쉽지 않다.

· 나는 아무 짓도 하지 않았는데 어째서인지 늘 문제가 생긴다.

· 이유는 모르겠지만 항상 손해만 본다.

· 이상하게 매번 인간관계에 문제가 발생한다.

이런 일이 생기는 이유는 무엇일까? 그 사람의 잠재의식 속에 이런 문제를 만드는 요소가 존재하고, 스스로 깨닫지 못하는 사이에 부정적인 상황을 불러일으키는 말과 행동을 하고 있기 때문이다. 이것은 말버릇에 대해 생각해보면 쉽게 알 수 있다. 말버릇을 바꿔도 인생이 바뀌지 않는 것은 무의식적으로 하는 말버릇이 남아 있기 때문이다.

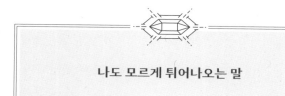

나도 모르게 튀어나오는 말

· 좋은 말을 하면 좋은 일이 생긴다.

· 말버릇을 바꾸면 현실이 바뀐다.

· 고맙다는 말을 많이 하면 행복해진다.

비단 자기계발의 세계에서만이 아니라 다양한 분야에서 많이 들어본 말일 것이다. 하지만 이것이 반드시 사실이라고는 하기 어렵다. 아무리 말버릇을 고쳐서 좋은 말을 하고 고맙다고 말해도, 현실은 전혀 바뀌지 않고 행복해지지도 않는다. 이것은 사실 말버릇의 문제라기보다는 잠재의식의 영향 때문이다.

말버릇에는 의식적인 말버릇과 무의식적인 말버릇이 존재한다. 전자는 우리가 의식해서 사용하는 말이다. '좋은 말버릇을 들이려고 노력한다' '의식해서 좋은 말을 사용한다' '고맙다고 말한다' 이런 것은 모두 의식해서 실행하는 것이기 때문에 의식적인 말버릇에 해당한다. 그렇다면 후자는 어떤 것인가? 바로 '나도 모르게 튀어나오는 말'이다. 예를 들면 다음과 같다.

· 힘들어.

· 왜 맨날 나만!

· 짜증 나.

· 최악이야.

· 젠장.

　　이렇듯 무의식적으로 튀어나오는 부정적인 말들이 바로 무의식적인 말버릇이다. 앞에서도 설명했듯이 무의식의 영역은 의식의 영역보다 훨씬 더 넓고 방대하기 때문에 그에 따른 영향력도 훨씬 강하다. 말버릇을 의식적으로 고치려고 노력해도 무의식적인 말버릇이 부정적인 것들뿐이라면, 의식의 힘은 무의식의 힘보다 약하기 때문에 결국 현실은 변하지 않는다. 현실을 좋은 방향으로 바꾸기 위해서는 인생의 열쇠를 쥐고 있는 무의식적인 말버릇, 즉 잠재의식을 바꾸는 것이 가장 중요하다.

잠재의식에 담겨 있는 기억

한 사람의 인생을 좌지우지하는 열쇠를 쥐고 있는 잠재
의식. 잠재의식 안에는 대체 무엇이 들어 있기에 인생에
영향을 미치는 걸가? 그것은 바로 '기억'이다.

· **과거에 경험한 일**

· **과거에 배운 지식**

· **과거에 습득한 기술**

· **과거에 자기 자신에 관해 느낀 점**

· **과거에 자기 자신에 관해 생각한 것**

· **과거에 남들에게 들은 말**

이런 다양한 것들에 관한 기억이 잠재의식에 저장돼
있다. 기억이라고 하면 과거에 경험한 일이라고 생각하

기 쉬운데, 정확히는 다양한 기술도 기억에 포함된다. 자전거 타는 법을 예로 들어보자. 처음에는 한 동작 한 동작 의식하며 자전거를 타려고 시도하지만 잘 되지 않는다. 몇 번이고 반복해서 연습하면 어느새 자연스럽게 탈 수 있다. 동작을 일일이 의식하지 않고도 아무 생각 없이 탈 수 있는 것이다. 그리고 한번 탈 수 있으면 5년쯤 타지 않는다고 해서 자전거 타는 법을 잊어버리지 않는다. 잠재의식에 자전거 타는 법에 관한 기억이 저장되기 때문이다.

게다가 기억은 개개인의 성격이나 의사결정에도 영향을 미친다. 우리의 뇌는 잠재의식에 저장된 기억에 기초해서 현실에 반응하기 때문이다. 평소 긍정적인 생각을 많이 하는 사람의 잠재의식에는 과거에 성공했던 경험과 같은 긍정적인 기억이 많이 저장돼 있고, 부정적인 생각을 많이 하는 사람의 잠재의식에는 부정적인 기억이 많이 저장돼 있다. 자신의 잠재의식에 성공 경험이 많이 저장돼 있는 사람은 다양한 의사결정의 순간에 적극적

으로 도전하게 된다. 하지만 부정적인 기억이 많이 저장
돼 있는 사람은 도전을 두려워하고 회피하게 된다.

세상에는 피해망상이 심한 사람들이 있다. 이들은 사
소한 일에도 자신을 부정당했다거나 비난당했다고 느낀
다. 이렇게 느끼는 이유는 이들의 잠재의식에 수많은 부
정적인 기억이 들어 있어서다. 이처럼 잠재의식에는 다
양한 기억이 들어 있고, 이러한 기억은 개인의 성격에서
부터 의사결정에 이르기까지 인생의 거의 모든 순간에
영향을 미친다.

요약하면 다음과 같다: 우리의 인생은 잠재의식을 어
떻게 다루느냐에 달려 있다. 잠재의식에 어떤 기억이 들
어 있는지에 따라 의사결정이 달라지고 성격이 달라진
다. 잠재의식에 긍정적인 기억을 많이 저장해서 자신에
게 유리한 방향으로 의사결정을 할 수 있으면 자연스레
인생도 변한다. 이것은 바로 뇌를 긍정뇌로 바꾸면 인생
이 달라진다는 뜻이다.

현실에 대처하는 메커니즘

"잠재의식에 어떤 기억이 들어 있는지에 따라 우리의 의사결정, 즉 인생이 바뀐다"라고 했는데 그렇다면 이것이 어떠한 메커니즘으로 이뤄지는지 살펴보자.

A라는 사람을 처음으로 만났다고 생각해보자. A를 처음 봤을 때 우리 머릿속에서는 과거의 기억 중 A와 닮은 사람, 즉 B에 관한 기억을 불러내 그것을 토대로 A의 인상을 결정한다. 자신의 기억 속에 존재하는 B가 늘 나를 응원해주고 도와주는 좋은 사람이었다면, B와 닮은 A를 처음 만났을 때 A에 대해서도 좋은 사람 같다고 느낀다. 반대로 자신의 기억 속에 존재하는 B가 항상 나를 괴롭히고 불쾌한 말과 행동을 일삼는 사람이었다면, 처음 만난 A에 대해서도 왠지 꺼림칙하다고 느낀다.

앞에서는 사람을 예로 들었지만 그 대상이 사람이 아닌 경우에도 마찬가지다. 예를 들어 누군가 내게 미소를 지었다고 생각해보자. 이런 경우 우리의 뇌는 '누군가 나를 보고 미소를 지었다'와 비슷한 상황에 관한 기억을 찾아서 반응한다. 긍정적인 기억이 많은 사람은 '저 사람이 내게 웃어주었다'라고 판단해서 상대에게 호감을 느끼지만, 부정적인 기억이 많은 사람은 '저 사람이 나를 보고 비웃었다'라고 판단해서 상대를 불쾌하게 생각한다.

다른 예로 누군가의 강연회에 간 경우를 생각해보자. 커다란 건물, 넓은 공간, 많은 사람들. 앞에서와 마찬가지로 우리 머릿속에서는 이와 비슷한 장소나 상황에 관한 기억을 찾아내서 반응하는 작업이 자동적으로 이뤄진다. 이런 장소에 관한 부정적인 기억이 없는 사람이라면 신체적으로나 정신적으로 아무 변화도 없을 것이다. 하지만 만약 자연재해 등으로 대피소 생활을 경험한 적이 있는 사람이라면 넓은 공간에 발을 들인 순간, 몸이 움츠러들고 불안한 마음이 들 수 있다.

이처럼 우리의 뇌는 현실에서 어떤 일이 일어나면 잠재의식에 존재하는 비슷한 과거의 기억을 끄집어내서 그것을 토대로 현실에 대응한다.

기억의 출처

앞에서 말했듯이 우리의 뇌는 잠재의식에 저장된 기억을 활용해서 현실에 대응한다. 그러므로 잠재의식 속 기억이 어떤 것인지에 따라 현실에서의 삶이 달라진다. 즉, 잠재의식에 긍정적인 기억이 많으면 현실에서 발생하는 다양한 일들에 긍정적으로 반응하고, 결과적으로 인생도 긍정적인 방향으로 흘러간다. 반대도 마찬가지이기 때문에 결국 우리의 인생은 잠재의식에 어떤 기억이 담겼는지에 달려 있다.

그렇다면 기억이란 무엇일까? 기억은 곧 '현실에서 일어난 일'이다. 우리의 뇌는 잠을 자는 동안 오늘 하루 있었던 일에 관한 기억을 정리한다. 하루 동안 있었던 일을 필요한 기억과 불필요한 기억으로 구분한 후, 필요한 기억은 잠재의식에 저장하고 불필요한 기억은 지워버린다. 이때 '뇌가 필요하다고 판단한 기억'이 잠재의식에 저장돼 우리의 인생에 영향을 미치게 된다.

그렇다면 잠재의식에 저장되는 기억은 어떤 것일까? 크게 세 가지로 나눌 수 있다.

① 특히 인상적이었던 기억

② 감정이 크게 요동친 기억

③ 몇 번씩 반복해서 주입된 기억

여행을 갔던 기억이라든지 기념일에 관한 기억 등 특히 인상적이었던 기억은 잠재의식에 저장되기 쉽다. 이것은 두 번째로 예로 든 '감정이 크게 요동친 기억'과도 관련이 있다. 기쁨, 성취감, 만족감 같은 긍정적인 감정 뿐만 아니라 분노, 슬픔, 상실감, 공포 같은 부정적인 감정을 불러일으킨 기억 역시 잠재의식에 쉽게 저장된다.

첫 번째 예로 든 '특히 인상적이었던 기억'이 잠재의식에 남기 쉬운 것 역시 감정이 크게 움직였기 때문이다. 과거에 슬펐던 일, 억울했던 일, 기뻤던 일, 즐거웠던 일 등을 자주 떠올리게 되는 것은 그 순간 감정이 심하게 요동친 결과, 그와 관련된 기억이 잠재의식에 깊이 각인 되어서다.

마지막 세 번째는 '몇 번씩 반복해서 주입된 기억'이다. 반복해서 들은 말, 반복해서 내뱉은 말, 반복해서 본 장면, 반복해서 경험한 일, 반복해서 당한 일 등은 잠재의식에 저장되기 쉽다.

한번 저장된 잠재의식은 리셋되지 않는다

갑작스럽지만 여기서 충격적인 사실 두 가지를 전하겠다.

① 잠재의식에 저장된 기억은 사라지지 않는다.

② 잠재의식은 리셋되지 않는다.

"잠재의식을 리셋한다"라는 말을 자주 들어봤을 것이다. 하지만 실제로는 일단 한번 잠재의식에 저장된 기억은 결코 사라지지 않는다. 이것은 곧 '잠재의식은 리셋되지 않는다'라는 것을 뜻한다. 그렇다면 "잠재의식을 리셋한다"라는 말은 대체 무슨 뜻일까?

이것은 어떤 상황에 처했을 때, 잠재의식에 존재하는 부정적인 기억을 꺼내 반응한 지금까지와는 달리 긍정적인 기억을 꺼내 반응하는 것을 의미한다. 다시 말해 지금까지는 무의식적으로 부정적인 기억을 떠올렸지만, 이제는 긍정적인 기억을 떠올리게 됐기 때문에 잠재의식이 리셋됐다고 느끼는 것이다. 결국 선택지가 달라졌을 뿐 부정적인 기억은 사라진 것이 아니라 계속 우리의 잠재의식 안에 남아 있는 상태다. 그 증거로 다양한 상황에서 대체로 긍정적인 기억을 떠올렸다고 하더라도 일정 조건에서는 부정적인 기억을 떠올리는 경우가 있다. 이런 경우, 잠재의식이 리셋됐다고 믿는 사람은 '원래 상태로 돌아갔다' '리셋되지 않았다'라고 느끼겠지만 사실은 그런 게 아니라 부정적인 기억은 처음부터 계속 존재하고 있었다.

나의 지인 중에 과거 강박장애를 앓았던 사람이 있다. 나는 그에게 예전부터 "강박장애 증상은 쉽게 사라지지 않으니 잘 조절하면서 살아갈 수밖에 없다"라고 말해준다. 증상이 심해질 때는 무리하지 말고 일도 최소한으로 줄이도록 조언한다. 강박장애 증상처럼, 아무리 긍정적으로 사람이 변하더라도 부정적인 기억이 완전히 사라지는 일은 없다.

다시 말해 이 책에서 이야기하는 '잠재의식 리프로그래밍'은 부정적인 기억을 지우고 긍정적인 기억으로 덮어쓰는 것이 아니라 '부정적인 기억보다 긍정적인 기억을 더 꺼내기 쉬운 상태로 만드는 것'을 의미한다.

긍정적인 기억과 부정적인 기억의 시스템

이번에는 잠재의식에 저장된 긍정적인 기억과 부정적인 기억에 관해 좀 더 자세히 알아보자. 우선 많이들 알고 있겠지만 잠재의식을 리셋하는 방법으로 '자기확언affirmation'이라는 것이 있다. 자기확언이란 '긍정적인 자기암시'라고 불리는 것으로, 긍정하는 말을 밖으로 소리내어 말하는 행위를 가리킨다. 긍정적인 말, 예를 들어 "나는 멋지다"라는 말을 몇 번이고 반복해서 하다 보면 잠재의식에 그 정보가 기록돼 실제로도 그렇게 된다는

것이다. 하지만 전혀 다른 결과를 낳는 경우도 있다. 긍
정적인 말을 계속하는데 상황이 더 힘들어진 적 있는가?
왜 이런 일이 일어날까? 긍정적인 기억과 부정적인 기억
이 같은 폴더에 저장돼 있기 때문이다.

뇌는 부정형을 이해하지 못하기 때문에 '멋지다'와 '멋
지지 않다'를 구분하지 않고 같은 폴더에 저장한다. 당신
이 "나는 멋지다"라고 말하면 뇌 안에 있는 '멋짐 폴더'가
열린다. 이 폴더에는 자신이 멋지지 않다고 느꼈던 기억
도 대량으로 저장돼 있기 때문에 만약 부정적인 기억이
우위에 있는 경우라면 뇌가 부정적인 기억을 선택해 밖
으로 끄집어낸다. 그 결과 자신이 기대했던 멋진 일이 아
니라 멋지지 않은 일이 일어나고 상황은 더 안 좋아진다.
하지만 이 폴더에 긍정적인 기억이 많이 들어 있어서 긍
정적인 기억이 우위에 있는 경우라면 현실에서도 스스
로 멋지다고 느끼는 일들이 생긴다.

잠재의식에는 수많은 폴더가 존재한다. '사랑 폴더',

'가치 폴더', '대단함 폴더' 등등. 그리고 이들 폴더에는
긍정적인 기억과 부정적인 기억이 함께 저장돼 있다.

돈과 운이 쏟아지려면

우위에 있는 기억이 긍정적인 기억이라면 긍정적인 의
사결정을 하고, 현실이 긍정적인 방향으로 움직인다. 즉,
돈과 운이 쏟아져 인생이 달라진다. 우위에 있는 기억이
부정적인 기억이라면 부정적인 의사결정을 하고, 현실이
부정적인 방향으로 움직인다. 중요한 건 긍정적인 기억
이 우위에 설 수 있도록 만드는 것이다. 그러기 위해서는
다음 두 가지 접근법이 필요하다.

① 부정적인 기억의 영향을 없앤다.
② 긍정적인 기억을 늘린다.

다시 말해 부정적인 기억이 우위에 오지 않도록 영향력을 줄이고, 긍정적인 기억을 늘림으로써 긍정적인 기억이 우위에 오도록 만들어야 한다. 구체적으로 어떤 방법이 있는지 하나씩 살펴보자.

부정뇌에서 탈출하는 법 ①
감정 케어

앞에서도 말했듯이 잠재의식에 남기 쉬운 기억 중 하나는 '감정이 요동친 기억'이다. 이들 기억에는 감정도 함께 저장된다. 다시 말해 부정적인 기억은 그 일을 경험했을 때 느낀 감정과 함께 세트로 잠재의식에 저장된다. 부정적인 감정은 특히 강한 힘을 가지고 있기 때문에 부정적인 기억이 우위에 서기 쉽다. 부정적인 영향을 없애기 위해서는 부정적인 감정을 관리하는 것이 중요하다.

잠재의식에 존재하는 부정적인 기억에는 다음과 같은 것들이 있다.

· **스스로 무능하다고 느낀 기억.**

· **스스로 형편없다고 느낀 기억.**

· **스스로 부정적으로 느낀 기억.**

· **자기부정으로 이어지는 기억.**

이러한 기억을 그대로 내버려두면 어떻게 될까?

스스로 무능하다고 느낀다.

→ 스스로 무능하다고 느낄 만한 일을 경험한다.

→ 역시 나는 무능하다고 느낀다.

→ **역시 나는 무능하다고 느낄 만한 일을 경험한다.**

　이런 식으로 자기부정의 무한 루프에 빠져 스스로 무능하다고 느끼는 기억을 대량 생산하게 된다. 이러한 자기부정의 무한 루프를 멈추는 방법이 바로 '받아들이기'다. 자기 안에 있는 부족한 점, 안 좋은 점, 부정적인 부분을 없애고 극복하는 것이 아니라 그 상태 그대로 받아들이는 것이다. 지금 있는 그대로의 내가 충분히 멋지고 가치 있으며 사랑받을 자격이 있다고 믿는다. 이렇게 함으로써 부정적인 기억의 영향을 줄일 수 있다.

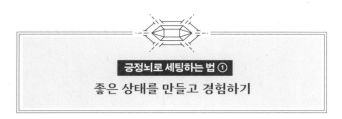

긍정뇌로 세팅하는 법 ①
좋은 상태를 만들고 경험하기

잠재의식에 존재하는 긍정적인 기억을 늘리기 위해서는 현실에서 멋진 경험, 긍정적인 경험을 많이 할 필요가 있다. 그렇게 하면 긍정적인 기억은 자연스럽게 늘어난다. 조금 더 자세히 말해보자면 내 안에는 긍정적인 나도 있고 부정적인 나도 있다. 자신의 몸 상태와 정신 상태를 정돈함으로써 긍정적인 내가 발현되기 쉽게 만들면 더 긍정적인 현실을 경험하기도 쉬워진다. 그러므로 다음과 같은 방법으로 자신의 몸과 마음의 상태를 정돈하는 것이 중요하다.

· **몸을 정돈한다.**
· **마음을 정돈한다.**
· **환경을 정돈한다.**
· **의식을 정돈한다.**

이렇게 하면 매일 일상 속에서 경험하는 멋진 일이 늘어날 것이다.

자신의 상태와 의식을 정돈함으로써 더 좋은 삶을 살 수 있다. 여기서 한발 더 나아가 보다 멋지고 이상적인 미래를 실현하기 위해 잠재의식에 이상적인 기억을 주입하는 것도 가능하다. 그러기 위해서는 무엇보다 뇌의 기능을 제대로 이해하고 활용할 필요가 있다. 실제로 경험하지 않은 일에 관한 기억을 잠재의식에 주입함으로써 우리 뇌를 긍정뇌로 세팅하면 실제로 그런 일이 현실에서 일어나게 된다.

핵심 포인트

∙∙

잠재의식에 어떤 기억이 들어 있는지에 따라 우리
의 의사결정이 바뀐다. 다시 말해 인생이 바뀐다.
이를 위해서는 두 가지 접근법이 필요하다.

① 부정적인 기억의 영향을 없앤다.
② 긍정적인 기억을 늘린다.

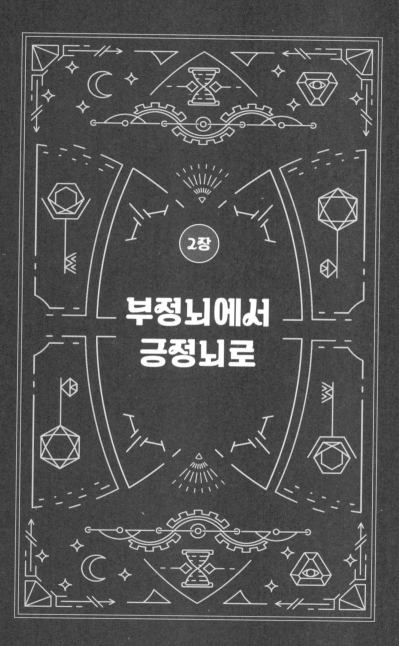

2장

부정뇌에서
긍정뇌로

인간의 뇌는 부정적인 방향으로 움직인다

1장에서는 긍정적인 기억이 우위에 오도록 만드는 것이 중요하다고 설명했다. 그런데 긍정적인 기억이 우위에 서는 것이 쉽지 않다. 그 이유가 무엇일까? 그것은 우리의 뇌가 위험을 피하기 위해 부정적인 것에 더 예민하게 반응하도록 설계돼 있기 때문이다. 그 증거로 인간의 표정은 다음과 같이 크게 일곱 가지로 나눌 수 있다.

놀람, 기쁨, 공포, 혐오, 경멸, 분노, 슬픔.

이 가운데 긍정적인 감정이라고 할 만한 것은 기쁨 단 하나뿐이다. 놀람은 긍정적일 때도 부정적일 때도 있다. 따라서 놀람과 기쁨 외에는 모두 부정적인 감정에 속한다. 이것은 곧 '인간의 감정은 부정적인 방향으로 움직인다'라는 의미로도 해석할 수 있다. 일반적으로 우리의 감정을 긍정적인 방향으로 잡아끄는 힘보다 부정적인 방향으로 잡아끄는 힘이 더 강하다.

게다가 우리 안에는 수많은 부정적인 기억이 저장돼 있다. 이 기억들은 다양한 상황에서 무의식적으로 반응해 우리를 부정적인 현실로 이끈다. 앞서 말한 잠재의식 리프로그래밍에서 가장 먼저 이뤄져야 하는 절차는 부정적인 기억의 영향을 없애는 것이며, 그렇게 함으로써 무의식적으로 부정적인 쪽을 선택하게 만드는 요인을 없애는 것이다.

우리로 하여금 무의식적으로 부정적인 쪽을 선택하게 만드는 요인은 세 가지다.

① 잠재의식에 저장돼 있는 부정적인 감정.

② 스스로도 부정하고 싶은 무능한 자신에 관한 기억.

③ 상상 속의 공포.

그렇다면 이러한 요인들을 적절히 관리하고 조절함으로써 무의식적으로 부정적인 쪽을 선택할 가능성을 줄여야 한다. 이것이 긍정뇌로 리프로그래밍하는 것이다. 이를 도와줄 수 있는 방법에는 어떤 것들이 있는지 알아보자.

긍정뇌로 리프로그래밍 ①
감정 클리닝

잠재의식에는 좋은 기억과 나쁜 기억을 포함해 과거의 다양한 기억이 담겨 있다. 그리고 이들 기억에는 '감정'이 수반되는 경우가 대부분이다. 좋은 기억에는 좋은 감정이, 나쁜 기억에는 나쁜 감정이 함께 기록된다. 예를 들어 과거의 즐거웠던 추억을 떠올리면 마음이 따뜻해지고 나도 모르게 미소가 지어진다. 이것은 그 기억이 '즐겁다'라는 감정과 함께 저장돼 있기 때문이다. 좋은 기억을 떠올리면 당시의 즐거웠던 감정도 동시에 되살아난다.

어떤 일과 관련해서 좋은 기억과 나쁜 기억이 모두 존재하는 경우, 나쁜 기억에 나쁜 감정이 연결돼 있다면 잠재의식은 나쁜 기억을 우선적으로 선택한다. 기억과 연결된 나쁜 감정이 많으면 많을수록 나쁜 기억을 선택하기 쉬워진다. 다시 말해 나쁜 감정을 없애면 나쁜 기억을 선택할 가능성이 줄어든다는 것이다.

나쁜 감정을 없애기 위한 대표적인 방법이 바로 '감정 클리닝'이다. 매우 간단하면서도 강력한 효과를 보장하는 방법이기 때문에 꼭 해보기 바란다.

① 흰 종이와 볼펜을 준비한 후 부정적인 감정을 떠올리며 종이에 빙글빙글 원을 그리듯 낙서를 한다.

과거 누군가(부모, 형제, 친척, 선생님, 친구, 자기 자신 등)를 향한 슬픔, 증오, 분노, 억울함, 고통, 충족되지 않은 마음 등을 떠올리며 낙서함으로써 그 감정들을 종이에 쓰는 것이다. 과거에 있었던 일을 떠올리다 보면 자연스럽게 그와 관련된 다른 일들이 함께 생각나기도 하고, 미래에 관해 생각하다가 갑자기 과거를 상기하기도 한다. 머릿속에 떠오르는 대로 내버려두고 계속해서 빙글빙글 원을 그리듯 낙서해보자.

② 기억을 떠올리는 작업이 끝났다면 낙서한 종이를 잘게 찢어서 불에 태운다.

종이를 태움으로써 종이에 적힌 나쁜 감정을 해소할 수 있다. 상황이 여의치 않다면 물에 녹는 종이를 구입해서 사용한 다음 물에 흘려버려도 된다. 불에 태우거나 물에 흘려보내는 작업을 하느냐 하지 않느냐에 따라 효과가 크게 달라지니 반드시 마지막까지 완료해야 한다.

우리의 잠재의식에는 지금까지 살아오면서 경험한 방대한 기억과 부정적인 감정들이 담겨 있다. 이 작업은 한 번으로 끝내는 것이 아니라 몇 번이고 반복해서 계속하는 것을 추천한다. 처음 한 달 정도는 집중적으로 여러 번 해보고, 그 후에는 주에 한 번 혹은 월에 한 번으로 반복하는 것이 좋다.

잠재의식을 리프로그래밍하기 위해서는 무의식적으로 부정적인 쪽을 선택하게 만드는 요인을 없애야 한다. 이 과정에서 중요한 의미를 갖는 것이 바로 '스스로도 부정하고 싶은 무능한 자신에 관한 기억'이다.

사람들은 대부분 자기 안에 존재하는 부정적인 면 혹은 형편없는 면을 싫어하고 부정한다. 잠재의식에는 자기 자신의 부정적인 면에 관한 수많은 기억이 저장돼 있기 때문에 스스로 부정하면 부정할수록 현실을 부정적인 기억과 연관지어 생각하게 된다. 그렇게 되면 현실에서 어떤 경험을 했을 때, 무의식적으로 부정적인 쪽을 선택하기 쉽다. 무의식적으로 부정적인 쪽을 선택하게 만드는 요인, '스스로도 부정하고 싶은 무능한 자신에 관한 기억', 다시 말해 내 안에 존재하는 부정적인 나, 한심한 나에 관한 인식을 바꿀 필요가 있다.

내 안에 존재하는 부정적인 나, 한심한 나에 관한 인식을 바꾸기 위한 가장 좋은 방법은 나 자신을 받아들이는 것이다. 받아들인다는 것은 용서가 아니라 수용이다. 내 안에 존재하는 부정적인 나, 한심한 나를 부정하지 말고 그대로 받아들여야 한다. 혹시 당신은 이렇게 생각하고 있지 않은가?

· **내가 부정적이고 한심하고 무능하기 때문에 일이 잘 안 풀리는 것이다.**
· **부정적인 나, 한심한 나, 무능한 나를 극복하면 모든 일이 잘될 것이다.**

내게는 대단히 훌륭하고 멋진 지인이 많이 있지만, 그들 안에도 다른 사람들과 마찬가지로 부정적이고 한심하고 형편없는 부분이 존재한다. 누구에게나 똑같이 형편없는 부분이 존재하는데 누구는 멋진 성과를 내고 다른 누구는 안 좋은 결과밖에 얻지 못하는 것은 어째서일까?

부정적인 나, 한심한 나, 무능한 내가 존재하는 것은 멋진 현실을 만드는 데 있어서 아무런 걸림돌이 되지 않는다. 사람은 누구나 자기 안에 멋진 모습과 형편없는 모습을 동시에 가지고 있다.

· **멋진 나.**

· **형편없는 나.**

· **긍정적인 나.**

· **부정적인 나.**

· **다정한 나.**

· **냉정한 나.**

내 안에는 다양한 내가 존재하며, 각각의 상황에 따라 각기 다른 내가 된다. 결국 사람은 누구나 다중인격이라는 말이다. 멋진 내가 있는가 하면 형편없는 나도 있다.

긍정적인 내가 있는가 하면 부정적인 나도 있다. 다정한 내가 있는가 하면 냉정한 나도 있다. 그것이 바로 인간이다. 그런데도 사람들은 '형편없는 나를 없애면 멋진 내가 될 것'이라고 믿는다. 형편없는 나를 바꾸기 위해 자기 자신의 형편없는 부분에 초점을 맞추면 맞출수록 과거의 나쁜 기억이 되살아나고, 현실도 안 좋은 방향으로 흘러가는 악순환에 빠지게 된다.

그렇기 때문에 받아들이는 것이 중요하다. 받아들인다는 건 '형편없는 부분까지 포함해서 자기 자신을 있는 그대로 인정하는 것'이다. 매일 아침, 점심, 저녁, 하루에 세 번씩 가슴에 손을 얹고 이렇게 말해보자.

· **나는 지금 있는 그대로 멋지다.**
· **나는 지금 있는 그대로 가치 있다.**
· **나는 지금 있는 그대로 사랑받고 인정받아 마땅하다.**

반드시 감정을 실을 필요는 없다. 입 밖으로 소리내어

말하는 것만으로도 충분하다. 말하다 보면 부정적인 기억이 떠올라 부정적인 기분이 들 수도 있다. 그럴 때는 앞서 소개한 감정 클리닝 방법을 활용해보자. 낙서를 해보는 것이다. 스스로 형편없이 느껴질 때는 낙서를 하면서 입으로는 다음과 같이 말해보자.

- 나는 형편없다. 그리고 나는 지금 있는 그대로 멋지다.
- 나는 형편없다. 그리고 나는 지금 있는 그대로 가치 있다.
- 나는 형편없다. 그리고 나는 지금 있는 그대로 사랑받고 인정받아 마땅하다.

이 작업을 계속하다 보면 부정하고 싶은 무능한 자신에 관한 기억의 영향력이 점차 줄어들 것이다.

우리의 잠재의식에는 방대한 분량의 기억이 저장돼 있기 때문에 앞서 말한 자기확언을 통해 과거의 기억을 치유하는 것이 매우 중요하다. 기억의 양이 방대하기 때문에 시간을 들여 정성껏 진행하다 보면 조금씩 변하는 것을 느낄 수 있을 것이다. 하지만 매일 살아가는 가운데 수많은 기억이 새로 생겨난다. 하루 동안 경험한 일이 잠재의식에 저장되고, 그 기억이 다시 인생에 영향을 미친다. 부정적인 기억이 많은 사람은 자신을 부정하고 의심하고 자신이 한 행동을 후회하고 무언가를 하기도 전에 쉽게 포기한다. 그렇게 함으로써 새로운 부정적인 기억을 만들어내고, 그 기억을 더욱 강화하는 자기 부정의 악순환에 빠지게 된다.

이를 막기 위해서는 스스로 소중히 여기고, 그에 걸맞은 행동을 하는 것이 중요하다. 정신적인 측면에서 잠재의식에 접근하는 사람이 많지만, 마음은 쉽게 변하지 않는 특성이 있기 때문에 잠재의식에 변화를 주기 위해서는 머릿속에서 생각하기보다는 실제로 행동을 하는 것이 더 효과적이다.

자기 자신을 두 팔로 껴안으며 "오늘 하루도 수고했다"라고 말해주자. 자기 자신에게 하는 말은 "오늘 하루도 수고했다"가 아니어도 상관없다. "고마워"라든지 "넌 잘하고 있어"처럼 소중한 사람에게 해주고 싶은 말을 자기 자신에게 해주면 된다.

긍정뇌로 리프로그래밍 ④
덮어쓰기

1장에서 설명했듯이 우리의 기억은 자는 동안 정리된다. 그렇기에 자기 전에 생긴 일, 눈으로 본 일, 귀로 들은 일, 입으로 말한 일은 보다 인상적인 정보로 기억되기 쉽다.

자기확언으로 과거의 기억을 치유하는 것도 중요하지만, 그와 동시에 기억은 매일같이 새로 생겨난다. 오늘 하루 동안 경험한 일이 잠재의식에 저장되고, 그 기억이 다시 자신의 인생에 영향을 미친다. 과거의 부정적인 기억이 치유되더라도 또 다른 부정적인 기억이 새로 만들어진다면 아무리 시간이 지나도 부정적인 기억의 영향에서 벗어날 수 없다.

부정적인 기억에 영향을 많이 받는 사람은 자기 전에

그날 하루 일을 반성하거나 후회하는 경우가 많다. 그런 식으로 반성하고 후회하는 과정에서 부정적인 기억을 강화하고 있는 것이다. 자기 전에 반성하고 싶은 일이나 후회되는 일이 떠오른다면 이렇게 말해보자.

오늘 나는 지금의 내가 할 수 있는 최선을 다했다. 여기서부터 한 걸음씩 성장해가자.

훌륭한 사람에게도 부정적인 일은 일어나기 마련이다. 부정적인 일은 그가 훌륭한 사람인지 여부와는 상관없이 일어난다. 하지만 스스로 형편없다는 생각에 사로잡힌 사람은 현실에서 발생한 부정적인 일과 자기 자신을 연관지어 생각한다. 자신이 한 일을 반성하고, 후회하고, 자기 자신을 부정한다. 현실에서 발생한 사건과 자기 자신을 연관지어 생각할 필요는 없다. 현실에서 부정적인 일이 생겼다고 해서 그것이 곧 나 자신이 형편없다는 것을 의미하지는 않는다.

일상생활을 하다 보면 스스로 부족하고 못난 사람이라고 느끼게 되는 순간들이 있다. 이런 경우에 효과적인 이미지 트레이닝 방법은 다음과 같다.

① 왜 위화감이 느껴지는지 파악한다.

② 그 감정을 손바닥에 꺼내본다.

③ 손바닥에 놓인 감정은 어떤 색인가? 감촉은? 형태는?

④ 그것을 향해 "고마워"라고 말을 건네본다.

⑤ 반복해서 "고마워"라고 말하며 색, 감촉, 형태가 어떻게 변하는지 살펴본다.

⑥ 원래 있던 자리에 돌려놓은 뒤 다시 한번 느껴본다.

실제로 해보면 색이나 감촉이 변했다고 느낄 수 있고,

가끔은 사라진 것과 같은 느낌도 든다. 매우 단순한 방법이지만 이 작업을 반복해서 수행하면 부족하고 못난 내가 치유되는 것을 느낄 수 있다.

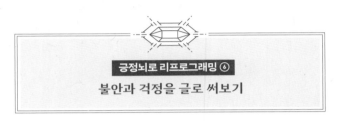

긍정뇌로 리프로그래밍 ⑥
불안과 걱정을 글로 써보기

지금까지 잠재의식에 저장된 부정적인 감정과 부정하고 싶은 기억의 영향을 줄이는 방법에 관해 알아봤다. 하지만 이것만으로는 해결되지 않는 문제가 있다. 바로 상상 속의 공포다.

미래에 관한 불안이나 걱정을 예로 들어보자. 이것은 잠재의식에 저장된 부정적인 기억의 영향이라기보다는 단순한 상상 또는 망상에 가깝다. 단순한 상상이나 망상은 이미지 트레이닝 같은 방법으로는 없앨 수 없다. 아무리 지우려고 노력해도 지워지지 않는다. 실체가 없기 때문이다. 이를 멈추기 위해서는 불안이나 걱정, 고민거리를 종이에 적어보는 것이 효과적이다. 본래 인간은 실체가 없는 것을 두려워하고, 그 두려움을 증폭시키는 경향이 있다. 대상이 명확해지면 불안감은 줄어든다.

직접 종이에 적어보면 자신의 고민이 다음 중 어느 것에 속하는지가 명확해진다.

- **대처법이 존재하는 문제.**
- **고민해도 소용없는 문제.**
- **내 힘으로는 어찌할 방도가 없는 문제.**

대처법이 존재하는 문제는 그에 따라 대처하면 되고, 고민해도 소용없거나 자기 힘으로는 어찌할 방도가 없는 문제는 포기하는 수밖에 없다. 머릿속에서 생각만 해서는 구분이 잘 되지 않기 때문에 막연한 불안과 걱정의 굴레에서 벗어나기 어렵다.

불안이나 걱정 때문에 신경이 곤두설 때는 일단 종이에 적어서 문제를 명확하게 만들어보자. 참고로 펜실베이니아주립대 탐 보르코벡 연구진의 연구 결과에 따르면 걱정거리의 79퍼센트는 실제로 일어나지 않고, 나머지 21퍼센트 중 16퍼센트는 미리 준비하면 대처가 가능하며, 걱정이 현실이 되는 경우는 5퍼센트에 불과한 것으로 나타났다. 불안이나 걱정거리가 있다면 바로 종이에 적어서 문제를 명확히 한 후, 그것이 대처 가능한 문제라면 대처법을 강구하고, 그렇지 않다면 빨리 잊어버리는 것이 가장 좋다.

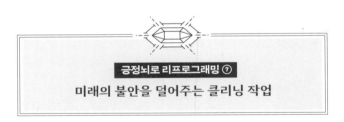

긍정뇌로 리프로그래밍 ⑦
미래의 불안을 덜어주는 클리닝 작업

미래에 대한 불안이나 걱정을 종이에 적어보는 것 자체는 어려운 일이 아니지만, 대처법이 존재하지 않는 문제라고 해서 쉽게 잊을 수 있는 것도 아니다. 예를 들어 미래에 어떤 도전을 했다가 실패하는 경우를 생각해보자. 실패한다면 자기 자신이 한심하거나 부끄럽게 느껴질 것이고, 가능하다면 그런 감정은 느끼고 싶지 않을 것이다. 여기서 실패는 아직 일어나지 않은 미래의 일이지만, 내가 피하고 싶은 한심하고 부끄러운 나 자신은 현재 잠재의식에 존재하는 부정하고 싶은 형편없는 자기 자신에 관한 기억이다.

이런 경우에는 감정 클리닝 작업을 통해 미래에 관한 불안이나 걱정을 줄일 수 있다. 감정 클리닝 작업의 순서는 다음과 같다.

① 불안한 일이나 걱정되는 일이 실제로 일어났을 경우를 상상한다.
② 그 경우에 자기 자신을 어떤 식으로 부정적으로 느낄지 종이에 적어본다.
③ 부정적인 자기 자신을 상상하며 낙서를 한다.

④ 예상되는 부정적인 감정을 다음 문장의 빈칸에 집어넣어
　소리내어 말하면서 낙서한다.

　나는 ○○하다. 그리고 나는 지금 있는 그대로 멋지다.

　나는 ○○하다. 그리고 나는 지금 있는 그대로 가치 있다.

　나는 ○○하다. 그리고 나는 지금 있는 그대로 사랑받고 인
　정받아 마땅하다.

　아직 일어나지 않은 미래의 일에 관해서는 가능한 한
많이 생각하지 않는 편이 좋으므로 이러한 감정 클리닝
작업의 횟수는 한 번에서 세 번 정도가 적당하다.

핵심 포인트

· ·

인간의 뇌는 부정적인 쪽을 선택하는 경향이 있
다. 이를 피하기 위한 방법으로는 다음 세 가지가
있다.

① **부정적인 감정을 관리한다.**

② **형편없는 기억을 관리한다.**

③ **상상 속의 공포와 마주한다.**

3장

긍정뇌로
변화하는
습관

긍정적인 기억을 늘려나가기

긍정적인 기억을 늘리기 위해서는 우선 지금 내가 느끼고 경험하는 현실에서부터 멋지고 긍정적인 일들을 많이 만들어야 한다. 그러기 위해서는 자신의 현재 몸 상태와 마음 상태를 정돈해야 한다.

모든 사람은 자기 안에 '긍정적인 나'와 '부정적인 나'를 동시에 가지고 있다. 자신의 부정적인 면이 겉으로 드러나는 사람은 그러한 습관을 가지고 있는 것일 뿐이지 그 사람 안에 긍정적인 면이 전혀 없는 것은 아니다. 말투가 중요하다는 말을 듣고 의식적으로 긍정적인 말투를 사용하려고 노력하는 사람의 경우를 생각해보자. 매일 아침 눈을 뜰 때마다 "고마워"라고 말해도, 몸이 피곤하거나 뭔가 기분 나쁜 일이 생겼을 때는 "관둬" "왜 맨

날 나만!" 같은 부정적인 말들이 튀어나오기 마련이다. 반대로 몸이 가볍고 활기가 넘치며 좋은 일이 있으면 굳이 의식하지 않아도 자연스럽게 "감사하다" "행복하다" "기분 좋다" 같은 말이 나올 것이다.

마음이 안정된 상태에서는 긍정적인 내가 발현된다. 마음이 불안정한 상태에서는 부정적인 내가 발현된다. 사람이라면 누구나 마찬가지다. 아무리 부정적인 사람일지라도 자신의 몸과 마음 상태를 가다듬으면 자기 안에 있는 긍정적인 나를 발현시킬 수 있으며, 보다 나은 현실을 경험할 수 있다.

잠재의식에 저장된 기억은 실제로 경험한 일인 경우가 많기 때문에 현실에서 좋은 일을 많이 경험하면 잠재의식에 저장되는 긍정적인 기억도 늘어나게 된다. 그렇기 때문에 다음과 같은 방법을 통해 자신의 몸과 마음을 정돈하는 것이 중요하다.

· 몸을 정돈한다.

· 마음을 정돈한다.

· 에너지를 정돈한다.

· 환경을 정돈한다.

· 의식을 정돈한다.

이렇게 하면 매일 일상 속에서 경험하는 즐거운 일이 늘어날 것이다. 다음 페이지부터는 잠재의식에 긍정적인 기억을 많이 저장하기 위해 일상에서 실천할 수 있는 습관들을 소개할 예정이다. 일상에서 좋은 일을 많이 경험함으로써 잠재의식에 좋은 기억을 채워나갈 수 있다는 사실을 염두에 두고, 각자가 실천하기 쉬운 것부터 하나씩 시도해보기 바란다.

좋은 일을 많이 경험하기 위해 무엇보다 먼저 해야 할 일은 몸 상태를 정돈하는 것이다. 몸 상태는 매우 중요하다. 사람들은 현재 자신의 정신이 불안정한 상태라고 느끼면 자기 안을 들여다보며 원인이 무엇인지 찾으려고 한다. 하지만 사실은 몸 상태가 좋아지면 정신 상태도 개선되는 경우가 대부분이다. 즉, 몸 상태가 정신 상태에 영향을 미친다는 것이다. 몸 상태는 정신 상태뿐만 아니라 에너지, 환경, 의식에도 영향을 미친다. 평소 몸 관리를 소홀히 하는 사람은 몸 상태를 정돈하는 것만으로도 일상에서 좋은 일을 경험할 가능성이 커진다.

첫 번째로 소개할 습관은 아침마다 10분씩 걷기다. 이미 잘 알려진 바와 같이 걷기는 몸 건강과 마음 건강을 유지하는 데 매우 효과적인 활동이다. 걷기는 지방 연소, 성인병 예방, 내장지방 감소, 고혈압 개선, 혈당치 개선 등에 효과가 있다.

걸으면서 두 다리를 일정한 리듬으로 움직이면 세로 토닌이라는 호르몬이 분비된다. 일명 행복 호르몬이라고 도 불리는 세로토닌은 사람의 몸과 마음을 안정시키고 기분이 좋아지는 효과가 있다. 반대로 세로토닌이 부족 해지면 우울증에 걸릴 가능성이 커진다. 또 세로토닌의 역할 중에는 자율신경을 조절하는 기능도 있다. 자율신 경이란 소화, 대사, 체온 등과 같은 인간의 신체 기능을 조절하는 신경을 말한다. 걸으면서 세로토닌이 분비되면 자율신경이 안정돼 몸과 마음의 균형을 찾을 수 있다.

특히 아침에 걸을수록 좋다. 아침 햇살을 받으며 걸으 면 행복 효과가 배가되기 때문이다. 햇빛을 쬐면 세로토 닌이 분비된다. 그렇기 때문에 아침에 집 밖으로 나와 걷 는 것만으로도 몸과 마음이 정돈되는 효과를 기대할 수 있고, 결과적으로 좋은 일을 경험할 가능성도 커진다. 처음부터 30분씩 무리해서 걸으려고 하면 계속하기 힘들다. 처음에는 심리적으로도 신체적으로도 무리가 가지 않는 10분 정도가 적당하다.

나도 지금은 매일 30~40분씩 걷고 있지만 처음에는 10분부터 시작했다. '좀 부족한 것 같은데…' 싶은 정도가 딱 좋다. 처음부터 목표치를 너무 높게 잡으면 한 번 성공한 것으로 만족해서 계속할 마음이 사라질 수도 있다. 좀 부족하다 싶은 상태에서 멈추면 '내일은 오늘보다 조금 더 걸어봐야지' 하는 욕심이 생겨서 자연스럽게 계속하게 된다. 10분 걷기에 익숙해지면 조금씩 시간을 늘려나가도 좋고, 그대로 계속 유지해도 상관없다. 나는 조금씩 시간을 늘려나가다가 30~40분 정도에서 멈췄다. 참고로 나는 걷기를 시작한 후부터 흰머리가 줄고 검은 머리가 늘었다. 정확한 원인은 모르겠지만 내가 생각하기에는 아마도 걷기를 통해 혈류가 개선된 덕분이 아닌가 싶다.

몸을 정돈하는 데 있어서 수면은 빠질 수 없는 요소다. 수면은 매우 중요하다. 나는 우리 사무실에 상담을 하러 온 사람에게 "우선 잘 자야 한다"라고 말한다. 잠이 부족해도 우울한 기분이 들 수 있기 때문이다.

· **몸이 피곤할 때는 일단 자고 본다.**

· **기분이 우울할 때는 일단 자고 본다.**

· **일이 생각대로 굴러가지 않을 때는 일단 자고 본다.**

수면은 그 정도로 중요한 일이다. 충분한 수면을 취하면 몸과 마음이 정돈된다. 공부나 일 때문에 수면 시간을 줄이는 사람들이 있는데 이것은 좋은 방법이 아니다. 수면 시간이 줄어들면 집중력과 기억력이 떨어진다. 물론 어떠한 목적을 달성하기 위해 수면 시간을 줄여가며 한 가지 일에 집중해서 매달린 경험은 내게도 있지만, 평소에는 늘 수면 시간을 충분히 확보하려고 노력한다. 일반적으로 7~8시간은 자는 게 좋다. 하지만 수면 주기는 사람마다 다르기 때문에 자신에게 가장 잘 맞는 수면 시간을 찾는 것이 중요하다.

수면 자체도 중요하지만 수면의 질 역시 중요하다. 아무리 오래 자더라도 수면의 질이 낮으면 효과가 없다. 수면의 질을 높이기 위한 방법으로는 다음과 같은 것이 있다.

① 아침에 일어나서 일광욕을 한다.

앞에서 아침마다 10분씩 걷기를 추천한 것은 이를 통해 햇빛을 쬘 수 있기 때문이다. 햇빛을 쬐면 세로토닌이 분비된다. 그뿐만이 아니다. 햇빛을 쬐면 체내 시계가 리셋돼 그 시점을 기준으로 14~16시간 정도가 지나면 수면 유도 호르몬인 멜라토닌이 분비된다. 즉, 햇빛을 쬐는 것은 동시에 잘 준비를 시작한다는 의미다.

② 적당한 운동을 한다.

"누워도 잠이 오지 않는다" "잔 것 같지가 않다"라고 호소하는 사람도 있다. 이렇게 말하는 사람들의 생활을 자세히 들여다보면 몸을 움직이지 않아서 하나도 피곤하지 않은 상태인 경우가 많다. 몸이 피곤하지 않으면 당연히 잠도 오지 않는다. 과도하게 몸을 혹사시킬 필요는 없지만 아침마다 10분 걷기 등으로 적당히 몸을 움직여 줄 필요가 있다.

③ 저녁 식사는 적어도 잠자리에 들기 3시간 전에 마친다.

나는 몸 상태를 확인하기 위해 스마트 링을 끼고 있다. 이 스마트 링에는 수면 체크 기능도 있는데, 이를 통해 자는 동안 위에 음식물이 남아 있는 경우에는 수면의 질이 떨어진다는 사실을 확인할 수 있었다. 자는 동안 뇌는 쉬고 있지만 몸은 위에 남아 있는 음식물은 소화시키기 위해 계속 에너지를 소모하면서 움직이고 있기 때문에 결과적으로 수면의 질이 낮아진다.

잠을 자기는 했는데 잔 것 같지 않다는 건 다시 말해

의식은 못 하지만 몸은 깨어 있는 상태였다는 의미다. 특히 잠자리에 들기 전에 식사를 하면 몸이 소화를 위해 깨어 있게 된다. 보통 음식물을 소화시키는 데에는 3시간 정도가 걸린다고 하니 잠들기 3시간 전까지는 저녁 식사를 하는 것이 이상적이다.

④ 술에 취한 상태로 자지 않는다.

술에 취한 상태로 잠이 들면 자는 동안 알코올을 분해하기 위해 몸이 에너지를 소모하며 활발히 움직이게 된다. 음식물을 소화시키는 것과 마찬가지다. 그래서 다음 날 일어났을 때 도무지 잔 것 같지 않은 기분이 들고 몸이 피곤하다고 느끼는 것이다.

과음을 하면 밤새 알코올 분해로 몸을 혹사시키고 다음 날 아침까지도 체내에 알코올이 남아 있는 상태가 이어질 수 있기 때문에 술은 적당히 마시는 것이 좋다.

⑤ 밤 늦게 카페인을 섭취하지 않는다.

커피를 좋아하는 사람이 많을 것이다. 나도 매일 커피

를 한두 잔씩 마신다. 카페인은 각성 작용을 하기 때문에 졸음을 쫓기에는 효과적이지만 자기 전에 섭취하면 뇌가 깨어나서 잠이 잘 오지 않고, 수면 시간이 줄어들어 다음 날 아침까지 영향을 미친다.

그렇다면 카페인은 하루에 어느 정도 섭취하는 것이 바람직할까? 카페인의 혈중 농도는 섭취 후 30분~2시간이 지났을 때 최고치에 달하고, 2~8시간이 지나면 절반 수준으로 떨어지는데 이는 사람에 따라 약간씩 차이가 있다. 그러므로 저녁 이후에는 섭취하지 않는 것이 가장 좋다.

⑥ 자기 전에 목욕을 한다.

수면의 질을 높이기 위해 목욕을 활용하는 방법도 있다. 잠이 잘 오지 않는 사람은 자율신경에 문제가 생겨서 교감신경이 부교감신경으로 전환되지 않고 계속 교감신경이 활성화된 상태라고 할 수 있다.

자율신경은 크게 교감신경과 부교감신경으로 나뉜다. 교감신경은 몸을 움직이거나 긴장하거나 스트레스를 받았을 때 활성화되고, 부교감신경은 잠을 자거나 쉬거나 긴장을 풀고 있을 때 활성화된다. 교감신경이 부교감신경으로 전환되지 않고 계속 교감신경이 활성화된 상태가 이어지면 뇌가 각성해서 머릿속에 온갖 생각이 어지럽게 맴돌고 잠이 잘 오지 않는다.

이런 경우에는 욕조에 뜨거운 물을 받아서 들어가는 방법이 효과적이다. 몸을 따뜻하게 하고 긴장을 푸는 과정을 통해 뇌가 부교감신경으로 바뀌도록 돕는 것이다. 잠에 쉽게 들지 못하는 사람은 자기 전에 간단히 샤워만 하는 경우가 많은데 숙면을 취하고 싶다면 욕조에 뜨거운 물을 받아서 들어가보기 바란다. 또 인간은 체내 온도인 심부 체온이 낮아지면 잠이 온다. 목욕을 해서 체온이 올라가면 혈액순환이 개선된다. 혈관이 팽창하면 열을 방출하기 쉬운 상태가 되기 때문에 결과적으로 심부 체온이 떨어지면서 잠이 들 수 있다.

⑦ 밤이 되면 조명을 어둡게 한다.

수면의 질을 높이기 위해서는 수면 환경도 중요하다. 수면과 관련이 있는 호르몬으로 멜라토닌이라는 것이 있다. 멜라토닌이 분비되면 잠이 온다. 반대로 멜라토닌이 분비되지 않으면 잠이 안 온다.

물체 표면을 비추는 빛의 밝기를 룩스라고 하는데, 500룩스 이상의 빛을 쬐면 밤이 돼도 멜라토닌 분비가 억제된다고 한다. 각각의 상황이 대략적으로 몇 룩스에 해당하는지는 인터넷을 검색하면 나오니 각자 확인해보기 바란다.

욕조에 들어가 몸을 따뜻하게 하고 카페인을 먹지 않는 노력을 해도 방 안에 조명이 밝으면 잠이 오지 않는다. 그러므로 밤이 되면 조명을 낮추는 것이 좋다. 또 수면 중에는 너무 밝아도 너무 어두워도 수면의 질이 떨어질 수 있다. 어둠 속에서 물체가 어렴풋이 보이는 정도가 가장 적당하다.

⑧ 자기 전에 컴퓨터나 스마트폰을 보지 않는다.

컴퓨터나 스마트폰에서는 블루 라이트가 나온다고 알려져 있다. 야간에 블루 라이트를 쬐면 수면 유도 호르몬인 멜라토닌의 분비가 억제된다. 수면의 질을 높이기 위해서는 밤이 되면 컴퓨터나 스마트폰을 사용하지 않는 것이 좋다.

나는 아이폰 유저인데, 아이폰에는 야간에 블루 라이트를 차단하는 기능이 있다. 20시. 이후에 자동적으로 블루 라이트가 차단되도록 설정해뒀다. 물론 가장 좋은 것은 컴퓨터나 스마트폰을 아예 보지 않는 것이지만, 어쩔 수 없이 밤에 사용해야 한다면 블루 라이트 차단 기능을 적극 활용하기 바란다.

지금까지 수면에 영향을 미치는 다양한 요인들을 살펴봤다. 한 번에 모든 것을 바꾸기는 어려울 테니 하나씩 바꿔나가는 것을 추천한다. 다시 말하지만 잠을 잘 자는 것은 정말로 중요하다. 숙면을 이루면 멘탈이 안정돼 일상생활에서도 좋은 일이 늘어난다. 다들 꼭 실천해보기 바란다.

우리의 멘탈은 음식에 좌우된다. 식품첨가물이 많이 들어간 음식은 멘탈에 안 좋은 영향을 미친다. 멘탈에 문제가 생기면 일상 속에서 좋은 일이 일어나기를 기대하기는 어렵다. 우리 몸에서 특히 더 신경을 써야 하는 부분이 바로 장의 상태, 다시 말해 '장내 환경'이다.

장에는 뇌 다음으로 많은 신경세포가 모이기 때문에 장은 제2의 뇌라고도 불린다. 무엇보다 행복 호르몬이라고 불리는 세로토닌의 90퍼센트 이상이 장에 존재한다고 알려져 있다. 쉽게 말해 인간은 장내 환경이 좋아지면 행복하다고 느끼고, 장내 환경이 나빠지면 불안하거나 우울하거나 짜증이 난다는 말이다. 장내 환경을 개선시키는 식습관은 쉽게 찾아볼 수 있으니 직접 알아보기 바란다.

개인적으로 내가 중요하게 생각하는 요소는 다음과 같다.

- **비타민.**
- **미네랄.**
- **식이섬유.**
- **물.**

현대의 식재료에는 과거보다 영양소가 적게 포함돼 있고, 식사를 통해 채워지지 않는 부분도 있기에 부족한 부분은 영양제로 보완할 필요가 있다. 이렇게 말하면 건강에 신경을 많이 쓰는 사람 같아 보이지만 나는 술도 자주 마시고, 가끔은 편의점 도시락을 사 먹기도 하고, 햄버거 같은 패스트푸드나 과자나 컵라면도 좋아한다. 다만 이렇게 몸에 그다지 좋지 않은 음식을 먹거나 마실 때는 몸에게 고맙다고 말하면서 감사하는 마음으로 즐겁게 먹는다.

인터넷에서 '감사 실험'을 검색해보면 말의 힘을 증명

하는 다양한 실험 결과를 확인할 수 있다. 예를 들어 쌀이 든 병을 두 개 준비한 뒤 각각의 병에 '고마워'라고 적힌 라벨지와 '바보야'라고 적힌 라벨지를 붙인 후 경과를 살펴보니 쌀 상태에 변화가 있었다는 내용의 실험이 있다. 이 실험은 과학적 근거가 없다고 지적하는 의견도 있지만 나는 엄연한 차이가 있다고 본다.

인간의 생각에는 물질의 상태를 변화시키는 힘이 있다. 너무 어렵게 생각할 필요는 없다. 그저 몸에게 고맙다고 말하면서 감사하는 마음으로 즐겁게 먹으면 된다. 영양을 섭취하는 데 지나치게 집착하면 '저건 반드시 먹어야 한다'라든지 '이건 먹으면 안 된다' 같은 정보에 휘둘리게 된다. 아는 것은 약이 될 수도 있고 병이 될 수도 있다. 무슨 일이든 적당히 하는 게 좋은 법이다. 스트레스는 우리 몸에 매우 안 좋은 영향을 미친다. 건강을 챙기려는 마음이 스트레스가 돼 몸에 안 좋은 영향을 미친다면 그야말로 본말이 전도된 셈이다. 최소한의 것만 제대로 챙기면서 나머지는 감사하는 마음으로 적당히 즐기

자. 이것이 내가 생각하는 가장 좋은 방법이다.

긍정뇌로 리프로그래밍 ⑪
옷차림에 신경 쓰기

몸을 정돈한다고 하면 신체 그 자체를 가리키는 말이라고 받아들이기 쉬운데 사실은 몸에 걸치는 것, 옷차림도 중요하다. 옷차림에는 각자의 상태가 그대로 반영되기 때문에 말하자면 몸의 일부라고 볼 수 있다. 예를 들어 누구나 연애를 할 때는 옷차림에 많은 신경을 쓰기 마련이다. 또 기분이 우울할 때 화려한 색감의 옷을 입는 사람은 거의 없다. 기분이 우울하면 옷도 어두운색을 고르게 된다. 반대도 마찬가지다. 옷차림에 신경을 쓰면 전체적인 상태도 좋아진다. 그에 따라 좋은 일을 경험할 가능성도 당연히 커진다.

옷차림은 기분, 에너지, 건강이나 영양 상태 등과 달리 눈으로 바로 확인 가능하다. 그렇기 때문에 신경 써서 챙기기도 쉬운 편이다. 가장 중요한 점은 상태가 좋지 않은 옷은 피하고, 상태가 좋은 옷을 입어야 한다는 것이다. 상태가 좋지 않은 옷이란 다음과 같다.

① 찢어지거나 구멍 난 옷.
② 안 좋은 이미지를 연상시키는 옷.

과거에는 찢어지거나 구멍 난 옷을 입는 것이 가난을 의미했다. 지금은 과거와는 다르다. 단지 어떤 옷을 입느냐에 따라 그 옷을 입은 사람의 상태가 달라질 수 있기 때문에 낡고 헌 옷을 입는 것은 추천하지 않는다. 그렇다고 해서 물건을 소중히 여기지 말라는 말이 아니다. 찢어지거나 구멍 난 부분을 그대로 방치하는 것은 좋지 않지만, 문제가 있는 부분을 기우거나 덧대서 오래오래 입는 것은 좋다. 낡은 옷은 버리지 말고 수선해서 입도록 하자. 옷을 입을 때 주의해야 할 점은 세 가지다.

① 깨끗함.

② 편안함.

③ 밝고 화려한 색상.

　깨끗함과 편안함은 그 옷을 입은 사람의 품위와도 연결되기 때문에 반드시 확인해야 한다. 품위 있는 옷차림은 전체적인 상태를 좋게 만든다. 반대로 전체적인 상태가 좋지 않으면 품위도 떨어지니 주의하자. 품위에 화려함이 더해지면 더욱 좋다. 다만 옷이 너무 안 어울리면 그것도 곤란하니 우선 어떤 옷이 자기에게 잘 어울리는지 파악하는 것이 중요하다. 주위에 옷 잘 입는 친구나 전문 스타일리스트에게 조언을 구하는 것도 좋은 방법이다.

앞에서 나는 "옷은 우리 몸의 일부다"라고 말했다. 그리고 피부는 몸의 일부인 동시에 옷의 일부이기도 하다. 몸을 정돈함에 있어서 피부를 잘 관리하면 일상에서 좋은 일이 일어날 가능성이 커진다. 유튜브 등을 통해 사람들의 자아실현을 돕고 삶의 지혜를 전하는 멘탈리스트 다이고 씨는 영상에서 이렇게 말했다. "처음 만난 사람이 일을 잘하는 사람인지 못하는 사람인지 판단하는 데 걸리는 시간은 매우 짧다. 이때 우리가 상대방을 판단하는 기준은 두 가지다." 다이고 씨가 말한 두 가지는 다음과 같다.

① **비싸 보이는 옷을 입고 있는가?**

② **좋은 피부를 가지고 있는가?**

우선 옷에 관해 생각해보자. 비싼 옷이 아니라 비싸 보이는 옷을 입고 있으면 사람들은 그가 일을 잘할 것 같다고 생각한다. 처음 만난 상대방에게 좋은 첫인상을 줄 수 있다면 필연적으로 일이 잘 풀릴 가능성도 커질 테니 앞에서도 말했듯이 옷을 잘 입는 것은 매우 중요하다.

다음으로 피부에 관해 생각해보자. 내가 지금까지 살펴본 바에 따르면 운이 따르는 사람과 성공한 사람 중에는 좋은 피부를 가지고 있는 사람이 많다. 피부 관리에 신경을 쓰면 좋은 일이 생길 가능성이 커진다는 말이다. 그러므로 최소한의 화장품을 챙겨 바르고 충분한 수면과 영양을 취함으로써 피부가 좋은 상태를 유지할 수 있도록 해야 한다. 또 땀을 많이 흘리면 대사가 활발해지고 피부도 좋아지니 걷기나 목욕 등으로 땀을 내는 것도 좋다.

개인적으로 추천하는 방법은 '간헐적 단식'이다. 간헐적 단식이란 하루 중 16시간은 공복 상태를 유지하고 나머지 8시간은 평소와 똑같이 먹는 것을 의미하는데, 나는 가능한 한 매일 실천하려고 노력하고 있다. 내가 간헐적 단식을 시작한 것은 어느 해 1월 중순이었다. 연말연시에 끊임없이 먹고 마시고를 반복하다보니 한시도 뱃속이 비어 있던 적이 없다는 사실을 깨달았다. 항상 배가 차 있으면 몸이 무겁게 느껴지고 행동도 둔해진다. 그래서 찾게 된 방법이 간헐적 단식이었다. 16시간 동안 공복 상태를 유지하는 것이 부담스럽다고 느끼는 사람도 있겠지만, 잠자는 시간 포함이기 때문에 19시에 저녁 식사를 했다면 다음 날 11시까지 아무것도 먹지 않으면 된다. 말하자면 아침밥을 거르는 정도라고 보면 될 것이다. 공복 상태를 유지하는 동안에도 물이나 차는 자유롭게 마실 수 있기 때문에 많이 힘들지 않으며, 8시간 동안은 제한 없이 무엇이든 먹어도 되니 스트레스 받을 일도 없다.

간헐적 단식을 하면 아침에 일어났을 때 완전한 공복 상태이기 때문에 몸이 가볍게 느껴지고 기분도 상쾌하다. 그리고 피부도 좋아진다. 왜 그럴까? 간헐적 단식을 하면 '오토파지'라는 기능이 활성화된다고 한다. 오토파

지란 간단히 말해 '세포가 스스로 낡고 불필요한 세포를 분해하고 새로운 세포를 만들어내는 과정'으로, 이를 통해 젊음과 건강함을 유지할 수 있다. 이처럼 간헐적 단식은 건강에 효과적이니 꼭 실천해보기 바란다.

긍정뇌로 리프로그래밍 ⑬
자기 자신을 좋아하고 믿기

몸을 정돈했다면 다음으로 해야 할 일은 마음 정돈이다. 마음 정돈하기는 2장에서 이미 소개한 부정적인 기억의 영향을 없애는 방법으로 대부분 해결할 수 있다. 그러므로 여기서는 긍정적인 내가 되기 위한 방법에 관해 소개해보고자 한다.

· 나 자신을 좋아하기로 할 것
· 나 자신을 믿기로 할 것

이렇게만 말하면 무슨 뜻인지 이해되지 않을 것이다. '그게 안 되니까 고민하는 거 아니냐' '나도 그러고 싶은데 그게 잘 안 된다' 이런 생각이 들지도 모른다. 우리 사무실에도 자기 자신을 좋아할 수가 없다거나 스스로 자신이 없다는 고민을 안고 찾아오는 사람이 적지 않다.

자기 자신을 좋아할 수 없고 믿을 수 없는 것은 자기 자신을 좋아하고 믿으려고 노력하기 때문이다. '노력'하는 것이 아니라 '단정'해야 한다. 좋아하고 믿으려고 노력한다는 것은 다시 말해 지금은 좋아하지 않고 믿지 않는다는 말이다. 좋아할 만한 점을 찾아보려 해도 이미 '좋아하지 않는다'라고 단정 짓고 있기 때문에 그런 점을 찾기 어렵고, 만약 찾더라도 주저하게 된다. 믿는 것도 마찬가지다. 그렇기 때문에 새롭게 단정 짓는 것이 중요하다.

자신을 좋아하고 믿기로 정했다고 해서 반드시 좋아할 만한 점, 믿을 만한 점이 바로 찾아지는 것은 아니다. 오히려 그런 경우는 드문 편에 속한다. 마음속으로 정하기는 했지만 여전히 망설여지기도 할 것이고, 오히려 스스로 좋아할 수 없는 점이나 믿을 수 없다고 느끼는 점이 자꾸 생각날지도 모른다. 그럴 때는 이렇게 생각해보자.

· **그런 부분까지 포함해서 내 전부를 좋아한다.**
· **그런 부분까지 포함해서 내 전부를 믿는다.**

부정적인 감정이 들 때는 2장에서 소개한 낙서로 감정을 다스리는 것을 추천한다. 몇 번이고 마음속으로 나는 나를 좋아하고 믿는다고 단정 지으면서 낙서로 부정적인 감정을 지워가다 보면 자연스럽게 다음과 같은 일이 늘어날 것이다.

· **나 자신이 좋아진다.**
· **나 자신에게 믿음이 생긴다.**

조금 시간이 걸릴지도 모르지만 서두르지 말고 천천히 마음을 정돈해가기 바란다.

에너지를 정돈하기 위한 정화, 즉 나쁜 기운을 몰아내는
데는 운동이 좋다. 앞서 몸을 정돈하는 방법으로 '아침마
다 10분 걷기'를 소개했는데, 이것은 정화라는 의미에서
도 강력하게 추천하고 싶은 습관이다. 일상 속에서 좋은
일이 많이 생기는 사람은 무의식중에 '정화 습관'을 가지
고 있는 경우가 많다. 그중 가장 대표적인 것이 바로 운동
이다. 운동으로 땀을 흘리면 나쁜 기운을 몰아낼 수 있
다. 적당한 운동은 몸을 건강하게 만들고 마음을 정돈하
는 효과가 있으므로 반드시 실천해보기 바란다.

에너지를 정돈하기 위한 정화, 즉 나쁜 기운을 몰아내는 두 번째 방법은 웃음이다. "웃으면 복이 온다"라는 말처럼 웃음에는 나쁜 기운을 몰아내는 효과가 있기 때문에 결과적으로 복이 올 가능성이 커진다. 아이들은 잘 웃는다. 그런 웃음을 순진무구하다고 표현하는데 여기서 무구하다, 즉 티가 없이 맑다는 말은 곧 나쁜 기운이 느껴지지 않는다는 뜻이다.

일본의 고대 신화와 전설을 다룬 문헌인《고지키古事記》에도 웃음이 등장한다. 바로 태양신 아마테라스 오미카미의 동굴 은둔에 관한 부분이다.

아마테라스 오미카미는 남동생 스사노오의 행패에 분

노한 나머지 동굴 속에 숨는다. 태양신이 사라져 세상이 어둠에 휩싸이자 다른 신들은 동굴 앞에 모여 아마테라스 오미카미를 밖으로 나오게 만들 방법을 강구한다. 신들이 동굴 앞에서 신나게 춤추며 웃고 떠들자 그 소리를 듣고 무슨 일이 벌어지고 있는 것인지 궁금해진 아마테라스 오미카미가 동굴 밖으로 고개를 내민다. 그 순간을 놓치지 않고 신들이 아마테라스 오미카미를 붙잡고 밖으로 끌어내 세상에 빛이 돌아오게 됐다는 이야기다. 여기서도 '웃음'은 매우 중요한 요소로 작용하고 있다.

나 역시 일이 생각대로 굴러가지 않거나 멘탈이 약해졌을 때는 TV 예능 프로그램이나 유튜브에서 재미있는 영상을 찾아 보며 아무 생각도 하지 않고 그저 웃기만 하는 시간을 가지려고 노력하는 편이다. 웃으면 나의 상태가 바뀌고 흐름이 바뀌고 상황이 호전된다. 많이 웃자.

자연과 친해지기

강이나 바다에 가면 기분이 상쾌해진다. 자연은 매우 큰 힘을 가지고 있기 때문에 자연을 잘 활용하면 나쁜 기운을 없앨 수 있다. 특히 좋은 곳은 물이 있는 장소다.

- 강.

- 바다.

- 폭포.

물이 있는 장소에서 심호흡을 하거나 손발을 물에 담그면 몸도 마음도 가뿐해진다. 물론 몸 전체를 담가도 상관없다. 직접 가기가 어렵다면 이미지를 떠올리는 것만으로도 효과가 있다. 수도꼭지를 틀어서 물 흐르는 모습을 잠시 쳐다본 다음 눈을 감고 천천히 심호흡을 하면서 물이 머리끝부터 발끝까지 온몸을 타고 흘러내리는 장면을 떠올려보자. 이렇게 하는 것만으로도 몸이 가벼워지고 머리가 맑아질 것이다.

강은 물이 맑기만 하다면 어디든 상관없지만 폭포는 주의할 필요가 있다(물론 강이나 바다에서도 안전에 주의가 필요하다). 해가 잘 들고 바람이 잘 통하는 곳이면 더욱 좋다. 온천도 추천할 만하다. 온천물은 원래 자연에 속하며, 온천에 몸을 담그고 땀을 쭉 빼는 행위에도 나쁜 기운을 몰아내는 효과가 있기 때문이다.

긍정뇌로 리프로그래밍 ⑰
물건 정리하기

현실에서 좋은 일이 많이 생기도록 몸과 마음과 에너지를 정돈했다면 다음으로 할 일은 환경을 정돈하는 것이다. 인간은 환경의 동물이다. 그만큼 환경의 영향을 많이 받는다. 여기서 말하는 환경이란 주로 주거환경과 인간관계를 가리킨다. 인간은 다음과 같은 것들로부터 많은 영향을 받는다.

- **자신이 살고 있는 장소.**
- **주로 시간을 보내는 장소.**
- **함께 지내는 사람.**

그러므로 환경을 정돈하면 좋은 일들이 일어날 수 있다. 여기서 가장 중요하고 효과적이며 늘 명심해야 할 것은 물건 버리기와 물건 쌓아두지 않기다. 일부 미니멀리스트를 제외한 대부분의 사람들은 항상 많은 물건에 둘러싸여 살고 있다.

- **안 입는 옷.**
- **사용하지 않는 물건.**
- **다 읽은 책이나 잡지.**

· 사용하지 않는 잡화.

· 과거의 추억이 담긴 물건.

 이런 물건들에 둘러싸여 있으면 주변이 정돈되지 않는다. 지금 나에게 필요 없는 물건이 방 안에 있으면 그 물건이 시야에 들어왔을 때 의식이 그쪽으로 쏠리게 된다. 그렇게 되면 지금 나에게는 필요 없는 기억이 계속해서 영향을 미친다. 그러니 필요 없는 물건은 과감히 처분하자.

 필요 없는 물건이란 옷장이나 서랍 속에 1년 넘게 잠들어 있는 것이다. 막상 정리하려고 하면 '이 물건은 또 쓸 일이 있을지도…' '이 옷은 언젠가 또 입을 기회가 생길지도…' '이 책은 다시 읽고 싶어질지도…' 하는 생각에 미련이 남을 것이다. 버릴지 말지 고민이 되는 물건이 열 개라면 그중 두 개 정도는 정말로 다시 필요해질지도 모른다. 하지만 그 두 개가 무엇인지 알 수 없어서 고민이 되는 것이다. 그런 경우에는 이렇게 생각하면 된다. '두 개를 골라내는 것이 불가능하니 어쩔 수 없이 전부 정리하자!'

물건을 버리면 전체적인 분위기가 바뀌기 때문에 나중에 내가 버린 두 개가 다시 필요해지더라도 그때의 나에게는 그 두 개를 다시 손에 넣을 수 있는 여유가 생길 것이다. 딱 필요한 만큼의 돈이 생길 수도 있고, 주위 사람에게 필요한 물건을 받을 수도 있고, 우연히 얻을 수도 있다. 다시 필요해질지도 모르는 두 개 때문에 열 개를 전부 내버려둔다면 분위기는 바뀌지 않고 상황은 오히려 더 나빠지기만 할 것이다.

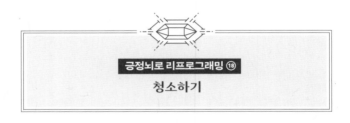

긍정뇌로 리프로그래밍 ⑱

청소하기

물건을 버려서 환경이 정돈됐다면 더 나은 환경을 만들기 위해 집 안을 깨끗이 청소하자. "화장실이 깨끗하면 금전운이 좋아진다"라는 말이 있다. 화장실은 배설하는 장소이기 때문에 집에서 가장 더러운 곳이라고 할 수 있다. 더러워지기 쉬운 곳을 깨끗이 유지하면 우리의 상태가 바뀌고 좋은 일이 생길 가능성이 커진다. 좋은 사람을 만나게 되고, 좋은 곳을 알게 되고, 좋은 기회가 생긴다. 금전운이 좋아지는 것은 이러한 좋은 일들이 이어져서 나타나는 결과다.

화장실을 청소해서 금전운이 좋아진다는 것은 실제로 많은 사람이 경험을 통해 알고 있는 사실이다. 깨끗하게 유지할 필요가 있는 곳은 화장실뿐만이 아니다. 방바닥, 현관, 욕실, 주방 등은 항상 깨끗하게 청소하자. 한 번만 닦아도 충분히 깨끗해진 것처럼 보이겠지만 한 번 더 닦으면 더욱 깨끗해지니 정성을 들여서 여러 번 닦는 것이 좋다. 특히 현관은 밖에서 들어온 기운이 모이기 쉬운 장소이므로 화장실과 마찬가지로 현관도 의식적으로 깨끗이 유지하려고 노력해야 한다. 빠트리기 쉽지만 청소를 통해 큰 효과를 볼 수 있는 곳이 바로 침대 밑이다. 침대 밑 먼지를 깨끗이 닦아내면 수면의 질도 높아지고 전체적인 상태가 정돈된다.

원래 청소를 좋아하는 사람이라면 상관없겠지만, 청소를 싫어하는 사람이라면 청소를 해야 한다는 사실이 스트레스로 느껴질지 모른다. 그런 경우에는 비용을 지불하고 청소 도우미의 손을 빌리는 방법도 있으며, 자동으로 청소해주는 로봇 청소기를 사용해도 된다. 청소 도우미를 고용하는 것이나 로봇 청소기 구독 서비스를 이용하는 것은 돈이 들지만 이를 통해 아낄 수 있는 시간과 노력, 청소로 얻을 수 있는 효과를 생각하면 결코 손해가 아니다. 잘 생각해보고 결정하기 바란다.

긍정뇌로 리프로그래밍 ⑲
인간관계 정리하기

환경에는 주거환경과 인간관계가 모두 포함되는데 지금까지 주거환경을 정리하는 방법에 관해 알아봤다. 지금부터 인간관계에 관해 살펴보기로 하자.

인간관계 역시 한 사람의 상태에 많은 영향을 미친다. 미국의 기업가이자 억만장자이기도 한 짐 론은 이렇게 말했다. "당신은 당신이 가장 많은 시간을 함께 보내는 다섯 명의 평균이다." 또 이런 말도 있다. "인생을 바꿔나가는 과정에서 친구는 몇 번이고 바뀌기 마련이다." 나 역시 공감하는 바이다. 그만큼 사람은 함께 시간을 보내는 사람에게서 많은 영향을 받는다. 그렇기 때문에 자신의 상태를 정돈하고 좋은 일이 많이 생기기를 바란다면 더 나은 인간관계를 만들어야 한다. 그러기 위해서는 현재의 인간관계를 정리할 필요가 있다.

인간관계를 정리한다고 하면 사람을 쳐내는 매정한 행위처럼 들릴지도 모르겠지만 사실은 그렇지 않다. 자신이 바라는 무언가가 있다면 그것이 현실로 이뤄질 수 있도록 인간관계를 변화시켜 나가는 것일 뿐이다. 앞에서 말했듯이 당신은 당신이 가장 많은 시간을 함께 보내는 다섯 명의 평균이다. 바라는 것이 있는데 그것이 이뤄지기 힘든 인간관계 속에 머무는 건 강한 자기부정이라고 할 수 있으며, 자기 자신을 부정하며 맺은 인간관계는 상대에 대한 부정이기도 하다. 진정으로 상대를 생각하고 존중한다면 자기가 바라는 것이 현실로 이뤄질 수 있도록 만들어주는 사람들과 시간을 함께 보내는 편이 훨씬 더 현명한 선택이다.

· 나와 같은 꿈을 실현한 사람과 지내는 시간을 늘린다.

· 나와 같은 꿈을 실현한 적이 없는 사람과 지내는 시간을 줄인다.

· 내 꿈을 실현하는 데 방해가 되는 사람과의 관계를 끊는다.

· 나의 에너지를 빼앗는 사람에게서 벗어난다.

· 나를 부정하는 사람에게서 벗어난다.

특히 나의 에너지를 빼앗는 사람과 나를 부정하는 사람은 더 조심해야 한다. 나의 에너지를 빼앗는 사람은 다음과 같다. 민폐를 끼치는 사람, 귀찮게 하는 사람, 매번 부탁만 하는 사람, 항상 불평을 늘어놓아서 만나기만 해도 기운이 빠지는 사람 등이다. 이런 사람들과 함께 있으면 피곤해진다. 나 자신을 바꾸고 현실을 바꾸려면 많은 에너지가 필요하다. 그런데 이런 사람에게 에너지를 빼앗기면 변화를 일으킬 에너지가 부족해진다. 그들로부터 벗어나 자신의 에너지는 자기 자신을 위해 사용하도록 하자.

그렇다면 나를 부정하는 사람은 어떤 사람일까? 당신이 당신의 꿈이나 목표에 관해 말했을 때 "힘들텐데?" "이런 점부터 고쳐라" "정말 될 거라고 생각해?" 등 의욕을 꺾는 말을 하는 사람이다. 사실 이런 말은 당신에게 하는 것이 아니라 자기 자신에게 하는 것이다. 그렇기 때문에 당신을 부정하는 사람은 당신이 어떤 상황에 놓여 있더라도, 아무 문제가 없더라도, 그것과 상관없이 언제나 부정적인 말만 늘어놓는다. 진지하게 받아들이지 말고 서서히 그와 거리를 두는 것이 현명하다.

평범한 회사원이었던 내가 좋아하는 일을 하면서 성공하고 싶다는 생각에 독립을 결심하고 지금에 이르기까지 나의 인간관계에도 많은 변화가 있었다. 독립을 꿈꾸던 회사원 시절에 내가 어울리던 사람들은 모두 회사

원이었고, 주변에 성공한 사람은커녕 창업해서 자기 일을 하는 사람조차 없었다. 이대로는 안 되겠다는 생각에 우선 성공한 사람이나 창업한 사람을 만나기 위해 각종 세미나를 열심히 찾아다녔다. 그렇게 해서 내게 맞는 사람들을 찾아냈고, 그들과 자주 만나면서 조금씩 인간관계를 변화시켰다. 그렇게 만난 사람들과의 관계 역시 언제까지고 계속 이어지지는 않았다. 10년 전에 자주 만나던 사람들, 5년 전에 자주 만나던 사람들, 지금 자주 만나는 사람들은 모두 다르다. 그렇다고 해서 회사원 시절에 친하게 지낸 동료, 10년 전이나 5년 전에 자주 만나던 사람들과 관계가 나빠진 것은 아니다. 나는 지금까지 관계를 맺었던 사람들을 현재도 변함없이 좋아하며, 얼마 전에도 10년 전 자주 어울리던 사람이 오랜만에 내 강연회에 와서 함께 즐거운 시간을 보냈다.

인간관계를 정리한다는 것은 사람을 매정하게 쳐낸다는 말이 아니라 자주 만나서 함께 시간을 보내는 사람이 달라진다는 말이다. 이것은 꿈을 이루기 위해 노력하는 사람에게는 필연적으로 일어나는 일이며, 인간관계에 변화가 생겼다고 해서 기존의 인간관계가 나빠지는 것은 결코 아니다. 그러니 용기를 가지고 인간관계를 정리해보자.

긍정뇌로 리프로그래밍 ⑳
잠들기 전 하루를 돌아보기

이처럼 몸을 정돈하고 마음을 정돈하고 에너지를 정돈하고 환경을 정돈하면 현실에서 좋은 일이 벌어질 가능성이 커진다. 하지만 아무리 노력해도 좋은 일이 생기지 않는다고 느끼는 사람도 있을 것이다. 사실은 좋은 일이 생기지 않은 것이 아니라 좋은 일이 생긴 것을 깨닫지 못하고 있을 뿐이다. 모든 것이 정돈됐는데 좋은 일이 생기지 않을 리가 없다.

포커스의 법칙은 모든 사람에게 평등하게 적용된다.

포커스의 법칙이란 관심을 두고 있는 대상이 늘어나는 것을 의미한다. 어떤 가방을 사고 싶다는 생각을 하고 있을 때 길을 가다가도 그 가방이 자꾸만 눈에 들어오는 경험을 해본 적이 있을 것이다. 하도 자주 보이니 '요새 이게 유행인가?' 하는 생각이 들지도 모른다. 이것은 그 가방을 든 사람이 갑자기 많아진 것이 아니라 그 물건에 관심을 두니 눈에 더 잘 들어오게 된 것뿐이다.

현실에서 좋은 일이 생기더라도 관심을 두고 살펴보지 않으면 알아차리지 못할 수도 있다. 실제로는 수많은 좋은 일들이 벌어지고 있더라도 말이다. 그리고 자신이 깨닫지 못한 좋은 일은 그것이 실제로 일어난 일이라 하더라도 잠재의식에 저장되지 않을 가능성이 크다. 그렇기 때문에 의식을 정돈해서 좋은 일이 생기면 바로 알아차릴 수 있는 상태를 유지할 필요가 있다.

그렇다면 좋은 일이 생겼다는 것을 알아차리기 위해서는 구체적으로 어떻게 해야 할까? 내가 추천하는 방법은 잠들기 전 하루를 돌아보는 것이다. 인간의 뇌는 질문에 대한 답을 찾고자 하는 성질이 있다. 좋은 질문이든 나쁜 질문이든 상관없이 모든 질문에 대한 답을 찾고자 한다. 그러니 밤마다 그날 하루를 반성하거나 자기 안에서 고쳐야 할 부분을 찾는 습관이 있는 사람은 당장 그만두기 바란다. 그런 사람은 다음 날에도 반성해야 할 점, 고쳐야 할 점만 눈에 들어올 것이다. 밤에 무언가를 반성하는 대신 다음 사항을 종이에 적어보자.

- **오늘 있었던 좋은 일 세 가지.**
- **오늘 있었던 감사한 일 세 가지.**

하나만 적어도 좋고, 둘 다 적어도 좋다. 매일 스스로 물어보고 답을 적는 습관을 들이자. 이렇게 하면 뇌가 지금까지는 그냥 지나쳤던 좋은 일이나 감사한 일을 적극적으로 수집하게 된다. 좋은 일, 감사한 일은 지금까지 없었던 것이 아니라 실제로는 있었지만 우리가 의식하지 않았을 뿐이다. 그러니 익숙해지면 얼마든지 생각해낼 수 있을 것이다. 아무리 생각하려고 해도 생각이 나지 않는 사람은 좋은 일, 감사한 일의 기준을 너무 높게 설정하고 있을 가능성이 크다. 이런 경우는 기준을 낮춰야 한다.

· **사소하지만 좋은 일.**
· **사소하지만 감사한 일.**

아무리 사소한 일이어도 괜찮다. 일상 속에서 엄청난 일은 좀처럼 일어나지 않는다. 간혹 가다 엄청난 일이 일어나더라도 평소에 작은 일도 빠트리지 않고 눈치채는 습관을 들였는지 아닌지에 따라 받아들이는 정도가 달라질 수 있다. 그렇기 때문에 아무리 작고 사소하더라도 좋은 일이라면 일단 적어보는 것이 중요하다. 비슷한 성질의 것들끼리는 모이는 성질이 있으며, 작은 것도 모이면 큰 것이 된다.

앞에서도 말했듯이 뇌는 질문에 대한 답을 찾으려고 한다. 그리고 뇌는 하루 24시간 쉬지 않고 움직인다. 이러한 뇌의 기능을 잘 이용하면 일상 속에서 좋은 일이 많이 일어나도록 만들 수 있다. 아침에 일어나면 이렇게 말해보자.

아아, 행복하다, 왜냐하면… (이유).

행복한 이유가 그 자리에서 바로 생각났다면 종이나 휴대전화에 적어보자. 이유가 생각나지 않는다면 그냥 "왜냐하면"까지만 말해도 된다. 뇌에는 질문에 대한 답을 찾으려고 하는 속성이 있다. 그러므로 당신이 "왜냐하면"에서 말을 끊었다면 뇌는 뒷부분을 메우기 위해 당신이 행복한 이유를 찾으려고 할 것이다.

아침에 일어나서 행복하다고 말한 후 하루를 지내는 동안 무언가 행복하다고 느끼는 일이 생겼다면 그 자리에서 메모하자. 바로 메모하지 않으면 잊어버리기 때문에 반드시 적어둬야 한다.

아무리 노력해도 행복한 일을 찾기 어렵다면 당신은 좋은 일이나 감사한 일과 마찬가지로 행복한 일의 기준이 너무 높은 것인지도 모른다. 이런 경우는 작고 사소한 행복부터 제대로 느낄 수 있도록 연습할 필요가 있다.

'행복하기는 한데 저 사람이랑 비교하면 아직 부족하다'라고 느끼는 사람도 있을 것이다. 행복은 절대적인 것이며, 남과 비교할 수 있는 것이 아니다. 돈이 많아서 행복한 사람이 있는가 하면 돈은 많지만 행복하지 않은 사람도 있고, 돈이 없어서 행복하지 않은 사람이 있는가 하면 돈은 없지만 행복한 사람도 있다. 행복이 절대적인 것이라는 말은 곧 행복한지 행복하지 않은지를 정하는 사

람은 자기 자신이라는 뜻이다. 스스로 행복하다고 느낀
다면 그걸로 충분하다.

아침에 일어나서 행복하다고 말하고, 하루 동안 생활
하면서 자신이 행복한 이유를 찾아서 적었다면 때때로
그 메모를 들여다보자. 자신이 수많은 행복에 둘러싸여
살아가고 있다는 사실을 확인함과 동시에 행복을 느끼
는 감성이 예민해져서 더 많은 행복을 발견할 수 있게
될 것이다.

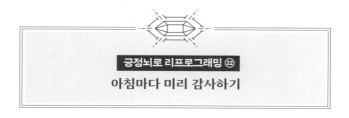

긍정뇌로 리프로그래밍 ㉒
아침마다 미리 감사하기

아침에 거울을 보면서 "오늘도 멋진 하루였어!"라고 선
언하자. 이것은 곧 내가 원하는 미래에 관해 미리 감사하
는 것이다. 하루를 시작하는 아침에, 마치 밤에 오늘 하

루를 돌이켜보듯 멋진 하루였다고 말해보자. 그러고는 평소와 다름없이 생활하면 된다.

앞서 마음을 정돈하는 방법에 관해 설명하면서 자기 자신을 좋아하고 믿는다고 단정 지으라고 말했다. '단정 짓는다'는 행위에는 엄청난 힘이 숨어 있다. 오늘 하루를 미리 정해두면, 그것이 현실이 된다. 아침에 '오늘은 멋진 하루였다'라고 정해두면 정말 그렇게 된다. 따라서 아침에 이렇게 말한 후 밤에 돌이켜보면 정말로 좋은 일이 늘어날 것이다.

멋진 하루였다고 말했는데도 좋은 일이 생기기는커녕 안 좋은 일이 일어날 수도 있다. 그런 경우에는 '오늘 하루는 글렀어!'라고 생각할 것이 아니라 '이게 어떻게 좋은 일로 바뀌어갈까?' 하고 즐거운 마음으로 기다려보자. 마음속으로 정한 일은 정말로 이뤄진다. 그 힘을 믿어야 한다. 조급하게 생각하지 말고 즐거운 마음으로 지내다 보면 정말로 그날 하루가 멋지게 마무리될 것이다.

당신은 스스로 감사한 적이 있는가? 스스로 미워하고 탓하는 사람은 많지만 자기 자신에게 감사하는 사람은 거의 없다. 심리학에는 '거울 법칙'이라는 것이 있다. 거울 법칙이란 마음속에서 생각한 일이 마치 거울에 비친 것처럼 현실에서도 그대로 일어나는 현상을 말한다. 더 구체적으로 설명하면 내가 나 자신을 대하는 태도가 마치 거울에 비친 것처럼 현실에 그대로 반영돼 다른 사람들로부터 그와 같은 대접을 받게 된다는 것이다.

· 내가 나를 함부로 대하면 남들도 나를 함부로 대한다.

· 내가 나를 소중히 대하면 남들도 나를 소중히 대한다.

· 내가 나를 무시하면 남들도 나를 무시한다.

· 내가 나를 사랑하면 남들도 나를 사랑한다.

매일 스스로 감사하고 자기 자신을 소중히 여기면 현실에서도 그런 일이 늘어날 것이다. 그러니 매일 밤마다 자기 자신에게 고맙다고 소리내어 말해주자.

긍정뇌로 리프로그래밍 ㉔
매일 스스로 칭찬하기

스스로 감사하는 것과 마찬가지로 스스로 칭찬하는 것 역시 어려워하는 사람이 많다. 이런 사람들에게 "자신의 좋은 점을 말해보세요"라고 이야기해도 좀처럼 대답하지 못한다. 사실은 좋은 점이 많이 있는데 스스로 찾으려고 하지 않기 때문에 깨닫지 못하는 것이다. 자신의 좋은 점을 깨닫지 못하는 사람은 앞에서 설명한 리프로그래밍을 실천해서 좋은 일이 생기더라도 그저 단순한 우연이라고 생각한다. 좋은 일을 내 힘으로 만들어낸 것이 아니라 단순한 우연에 지나지 않는다고 생각하면 다음에

또 그런 일을 만들어내기는 불가능해진다. 반대로 좋은 일을 내 힘으로 만들어냈다고 믿는다면 다음에도 또 다시 좋은 일을 만들 수 있다. 여기에는 어마어마한 차이가 있다.

언제든 자신의 힘으로 좋은 일을 경험하기 위해서는 우선 스스로 좋은 일을 경험하기에 적합한 사람이라고 생각해야 한다. 그렇기 때문에 스스로 좋은 점이 많다는 사실을 깨닫고, 많이 칭찬해야 한다. 매일 스스로 열심히 칭찬해주자. 자기 자신을 칭찬하는 것이 어렵다고 느끼는 사람은 아침에 행복하다고 선언하는 것과 마찬가지로 이렇게 말해보자.

· **나는 멋지다! 왜냐하면…** (이유).
· **나는 최고다! 왜냐하면…** (이유).

이렇게 단정적으로 말하는 것도 꺼려진다면 '의외로'나 '~지도 모른다'를 넣어보자.

· 나는 의외로 멋지다! 왜냐하면… (이유).

· 나는 멋질지도 모른다. 왜냐하면… (이유).

· 나는 의외로 최고다! 왜냐하면… (이유).

· 나는 최고일지도 모른다. 왜냐하면… (이유).

일단 여기까지만 말하고 이유는 나중에 생각났을 때 메모해두자. 항상 의식하며 지내다보면 현실에서 좋은 일이 생길 가능성도 커진다.

지금까지 몸, 마음, 에너지, 환경, 의식을 정돈함으로써 좋은 일이 일어날 가능성을 키우는 방법에 관해 알아보았다. 우선은 할 수 있는 것부터 하나씩 시도해보기 바란다. 일상에서 좋은 일이 많아짐에 따라 잠재의식에 저장되는 좋은 기억이 늘어나면 현실도 바뀔 것이다.

핵심 포인트

. . . .

아무리 부정적인 사람일지라도 자신의 몸 상태와
마음 상태를 가다듬으면 자기 안에 있는 긍정적인
나를 발현시킬 수 있으며, 보다 나은 현실을 경험
할 수 있다. 다양한 방법을 통해 다음 다섯 가지를
정돈하는 것이 중요하다.

① **몸.**
② **마음.**
③ **에너지.**
④ **환경.**
⑤ **의식.**

4장

뇌에 새로운
기억을
주입하는
방법

잠재의식에 성공한 기억이 없으면
성공할 수 없다

지금까지 우리가 알아본 내용은 다음과 같다.

· **부정적인 일이 생길 가능성을 낮춘다.**
· **긍정적인 일이 생길 가능성을 높인다.**

이 방법들을 실천에 옮긴다면 일상에서 좋은 일이 늘어나고 걱정이나 고민거리는 조금씩 줄어들 것이다. 안 좋은 일이나 고민이 완전히 없어지지는 않겠지만 마음이 조금 더 가벼워지고 더 빨리 털고 일어날 수 있을 것이다.

그렇다고 해서 지금까지 경험한 적 없는 행복한 일이나 기적과도 같은 일이 일어나게 되느냐고 하면 그럴 가능성은 없다. 잠재의식에 아직 그런 기억이 없기 때문이다. 앞에서 "잠재의식에는 당신을 움직이는 기억이 담겨 있다"라고 말한 바 있다. 즉, 당신을 움직이는 기억이 없으면 애초에 움직일 수 없다는 것이다.

지금까지 경험한 적 없는 행복한 일이나 기적과도 같은 일에 관한 기억이 없다면 그런 일은 일어나지 않는다. 누군가는 "경험한 적도 없는 일을 기억한다는 건 불가능하지 않은가"라고 불평할지도 모른다. 걱정할 필요 없다. 뇌와 기억의 원리를 이해하고 이를 잘만 활용하면 경험한 적 없는 일도 잠재의식에 기억으로 남길 수 있다. 4장에서는 이 문제에 관해 구체적으로 알아볼 예정이다.

아직 꽃피지 않은 가능성과 재능을 알아보는 법

본론에 들어가기 전에 다음 질문에 답해보기 바란다. 당신은 지금 스스로 어떤 사람이라고 생각하는가? 당신이 생각하는 자신은 진정한 나 자신의 전부가 아니다. 현재의 자신은 진정한 나 자신의 일부분에 불과하며, 수많은 가능성과 재능을 자기 안에 숨기고 있는 상태다. 무한한 가능성과 재능을 내포한 채 아직 제대로 꽃피우지 못하고 있는 상태가 바로 지금 현재의 나 자신인 것이다. 우선 이 사실을 제대로 인식할 필요가 있다. 아직 꽃피지 않은 가능성과 재능이 발현되면 지금까지 경험한 적 없는 행복한 일, 기적과도 같은 일이 현실에서도 일어난다.

자아실현과 꿈을 실현하는 것은 종종 같은 의미로 사용된다. 자아실현이란 글자 그대로 '자기 자신을 실제로 이루다'라는 의미다. 내 안에 잠들어 있는 아직 꽃피지 않은 가능성과 재능, 즉 '아직 인식하지 못하고 있는 자신=자아'를 실현하는 것이 자아실현이다. 그리고 수많은 자아를 실현하다 보면 꿈이 현실이 된다. 모든 사람은 꿈을 현실로 만들 정도로 대단한 자기 자신을 마음에 품고 있기 때문에 자아실현과 꿈을 실현하는 것은 결국 같은

의미다. 그렇다면 아직 꽃피지 않은 가능성과 재능을 파
악하기 위해서는 어떻게 해야 할까? 다음 세 가지를 기
억하자.

① 칭찬을 받아들인다.

② 닮고 싶은 상대의 특징을 수집한다.

③ '우연히 성공했다'라고 생각하지 말고 솔직하게 받아들인다.

인간은 생각보다 자기 자신에 대해 잘 모른다. 심리학
에는 '조하리의 창 Johari window'이라는 개념이 있다.

· 열린 창: 자신이 알고 있고 상대에게도 인지되는 영역.

· 숨겨진 창: 자신은 알고 있지만 상대에게는 숨기고 있는 영역.

· 보이지 않는 창: 자신은 알 수 없으나 상대에게 잘 관찰되는
영역.

· 미지의 창: 자신에게도 상대에게도 인지되지 않은 영역.

이 네 가지 창 중 자신이 인지하고 있는 부분은 열린

창과 숨겨진 창뿐이며, 나머지 두 가지 창은 스스로 인지하지 못하고 있는 창이다. 스스로 인지하지 못하는 이 두 가지 창, 그러니까 보이지 않는 창과 미지의 창이 바로 아직 꽃피지 않은 가능성과 재능이 숨어 있는 부분에 해당한다. 앞에서 말한 세 가지 방법, '칭찬을 받아들인다' '닮고 싶은 상대의 특징을 수집한다' '우연히 성공했다고 생각하지 말고 솔직하게 받아들인다'는 이 두 가지 창을 여는 열쇠라고 할 수 있다.

다른 사람에게 칭찬을 받았다면 그것은 상대가 인지하는 부분이므로 열린 창 또는 보이지 않는 창에 해당한다. 칭찬을 받았을 때 '그럴 리가' '빈말이겠지' '과장이 심하네'라고 생각이 드는 것은 그것이 자신이 인지하지 못하는 부분, 즉 보이지 않는 창에 속하기 때문이다. "누구나 자신이 닮고 싶은 사람의 특징을 가지고 있다"라고 이야기하면 믿지 않는다. 하지만 자고로 비슷한 것들끼리는 통하는 바가 있는 법이다. 닮고 싶다는 것은 곧 서로 감응하는 요소가 있다는 말이므로 닮고 싶은 사람과 같은 특징이 내 안에도 있다는 것을 의미한다. 참고로 자신이 닮고 싶은 상대의 특징이 자기 안에는 없다고 생각되는 이유는 그것이 미지의 창에 속해서다. 미지의 창 영역에 존재하고 아직 꽃피지 않은 상태이기 때문에 인지하지 못하고 있는 것이다. 스스로 인지하지 못하기 때문에 없다고 생각하기 쉽지만, 이것은 어디까지나 '없을지도 모른다' '있을지도 모른다'는 가능성의 문제이며 실제로 없는 것은 아니다.

　과거 자신이 이룬 업적 중 '어쩌다 보니' '우연히' 그렇게 됐을 뿐이라고 생각되는 일이 있는가? 어떤 일을 해냈다는 것은 자기에게 그만한 재능이 있다는 말이다. '어쩌다 보니' '우연히'라고 생각하고 넘기면 영원히 인지할 수 없다. 재능이 있는데 없다고 생각되는 것은 그것이 보이지 않는 창에 속하기 때문이다. 이처럼 많은 사람들이 자신의 가능성과 재능을 인지하지 못한다. 아직 꽃피지 않은 가능성과 재능이 자기 안에 존재함에도 불구하고 말이다. 이번 장에서 소개하는 방법을 살펴보기 전에 우선 다음 작업을 진행해보자.

① 칭찬을 받았을 때 '빈말이겠지' '과장이 심하네'라고 생각
   되는 부분을 적어본다.
② 닮고 싶은 대상에 관해 적어본다. 실존 인물뿐만 아니라 역
   사적 인물, 만화나 영화에 나오는 등장인물이어도 상관없다.
③ 어떤 부분을 닮고 싶은지 적어본다.
④ '우연히 성공했다'고 생각되는 일이 어떤 재능과 연관이 있
   는지 적어본다.

긍정뇌로 리프로그래밍 ㉕
사진을 보면서 상상하기

앞에서 언급한 칭찬받을 만한 요소, 닮고 싶은 대상의 특
징, 성공과 관련된 재능을 꽃피운 자기 자신을 상상해보자.

· 상상 속의 나는 어떤 표정을 하고 있는가?

· 상상 속의 나는 어떤 옷을 입고 있는가?

· 상상 속의 나는 어떤 장소에 있는가?

· 상상 속의 나는 어떤 사람과 함께 있는가?

· 상상 속의 나는 어떤 것을 가지고 있는가?

· 상상 속의 나는 무엇을 하고 있는가?

· 상상 속의 나는 시간을 어떻게 사용하고 있는가?

· 상상 속의 나는 어떤 취미를 가지고 있는가?

더욱 구체적으로 상상해보자.

· 성공했다면 어떤 소원을 이루고 싶은가?

· 성공했다면 어떤 것을 갖고 싶은가?

이 문제에 관해서도 상상해보자. 대답은 하나가 아니어도 좋다. 아무런 제한 없이 자유롭게 대답해보자. 구체적으로 상상해봤다면 상상 속의 나 자신과 비슷한 이미지를 모아보자.

· 자기 자신과 관련된 이미지.

· 장소와 관련된 이미지.

· 옷과 관련된 이미지.

· 함께 어울리는 사람과 관련된 이미지.

· 하고 있는 일과 관련된 이미지.

· 취미와 관련된 이미지.

· 꿈과 관련된 이미지.

· 갖고 싶은 것과 관련된 이미지.

이렇게 해서 모은 이미지는 컴퓨터나 휴대전화의 바탕화면으로 설정해도 좋다. 매일 쳐다보면서 꿈이 실현된 장면이나 꿈을 실현한 자신의 모습을 상상해 보자.

4장에서는 경험한 적 없는 좋은 일이 현실에서 일어나 도록 하기 위해 아직 경험한 적 없는 일에 관한 기억을 잠재의식에 집어넣는 방법에 관해 소개할 예정이라고 말했다. 그 방법 중 하나가 바로 상상하기다.

우리는 평소 눈으로 현실을 바라보고, 이렇게 눈으로 바라본 바깥세상을 현실로 받아들인다. 당연한 말이라고 생각할지도 모르지만 사실 뇌는 바깥세상을 있는 그대로 받아들이는 것이 아니라 '망막에 비친 영상을 재변환해 현실로 받아들이고 있을 뿐'이다. 그리고 그 현실에서 있었던 일을 기억이라는 형태로 잠재의식에 기록한다. 여기서 중요한 것은 '망막에 비친 영상을 재변환해 현실로 받아들인다'는 부분이다. 실제로 눈으로 본 것뿐만 아니라 머릿속으로 상상한 것 역시 망막에 비친다. 즉 '뇌는 머릿속으로 상상한 것과 현실에서 실제로 일어난 일을 구분하지 못한다'라는 말이다. 그러므로 매일 사진을 보면서 꿈이 이뤄진 장면이나 꿈을 이룬 자신의 모습을 상상함으로써 아직 경험한 적 없는 일에 관한 기억을 잠재의식에 기록할 수 있다.

억지로 잠재의식에 기록하려고 애쓸 필요는 없다. 매일 쳐다보기만 해도 충분하다. 가능하면 매일 밤 잠자리에 들기 전에 사진을 보면서 상상해보기를 추천한다. 우리의 뇌는 자는 동안 그날 하루 동안 있었던 일을 재생하고 기억을 정리한다. 자기 직전에 있었던 일은 자는 동안 몇 번이고 재생되기 때문에 뇌에는 인상 깊은 사건으로 남는다. 뇌는 우리가 상상하기만 한 것도 현실로 받아들인다. 그러므로 자기 직전에 상상한 것은 인상적인 현실로 잠재의식에 기록된다. 상상력을 활용하면 수많은 경험한 적 없는 일에 관한 기억을 잠재의식에 주입할 수 있다.

긍정뇌로 리프로그래밍 ㉖
말로 표현하기

"꿈을 종이에 쓰면 이뤄진다"라는 말이 있다. 말로 표현한다는 것은 매우 중요하다. 꿈은 다음과 같은 과정을 거쳐 실현되기 때문이다.

이미지 → 말 → 현실화

말로 표현하는 것이 중요한 이유는 다음과 같다.

· **명확해진다.**
· **필요한 것을 모으기 쉬워진다.**

이상적인 나는 어떤 모습인가? 이상적인 나를 말로 표현해보자. 그리고 매일 밤 다음과 같이 소리내어 말해보자.

나는 ○○이다.

예를 들면 다음과 같다.

· **나는 노력하는 사람이다.**
· **나는 우수한 인간이다.**
· **나는 많은 사람에게 영향을 미치고 있다.**
· **나는 배려심 많은 사람이다.**

· 나는 꿈을 안겨주는 사람이다.

· 나는 경영자다.

· 나는 베스트셀러 작가다.

· 나는 인플루언서다.

○○에 들어가는 말은 무엇이든 상관없다. 사실인지 아닌지는 중요하지 않다. 스스로 그렇게 생각하는 것이 중요하다.

내가 자주 하는 말 중에 '인생은 입후보제'라는 것이 있다. 많은 사람이 '인생은 임명제'라고 생각한다. 만약 내가 우수한 인재라면, 만약 내가 말을 잘 듣는다면, 만약 내가 노력한다면 선택을 받을 수 있을 것이라고 생각하고 있지 않은가? 현실은 그렇지 않다. '내가 하겠다!'라고 스스로 나서지 않는 이상 길은 열리지 않는다. 일단 입후보 등록을 하면 목표를 이루기 위해 필요한 과제들이 등장한다. 주어지는 과제를 하나씩 해치워나가는 과정에서 잠들어 있던 재능이 깨어나고 더 나은 나로 성장

할 수 있다. 당신 안에는 아직 수많은 가능성이 잠들어 있다. 그 가능성이 깨어나면 지금보다 훨씬 더 많은 일이 가능해질 것이다. 자신을 믿고 과감하게 나서보자.

매일 밤 이상적인 모습을 상상함과 동시에 "나는 ○○이다"라고 소리내어 말해보자. 꼭 진심을 담지 않더라도, 단순히 소리내어 말한다는 것만으로도 의미가 있다. 소리내어 말하는 과정에서 부정적인 감정이 들지도 모른다. 그럴 때는 2장에서 소개한 방법을 참고해 "나는 ○○이다"라고 말하면서 백지에 낙서를 해보기 바란다.

긍정뇌로 리프로그래밍 ㉗
이상적인 자신의 겉모습을 구현하기

재능을 꽃피우고 꿈을 실현한 사람은 '겉모습'이 바뀌는 경우가 많다. 특히 여성의 경우, 연애를 하거나 멘탈이 안정되면 패션과 화장이 달라지는 경향이 있다. 내면과 겉모습은 서로 연결돼 있기 때문에 겉모습에 변화를 주면 내면에도 변화가 생기기 마련이다. 오늘부터 나 자신의 겉모습에 다음과 같은 변화를 줘보자.

- **이상적인 나 자신의 옷차림, 화장, 헤어스타일.**
- **꿈을 실현한 나 자신의 옷차림, 화장, 헤어스타일.**

이상적인 나 또는 꿈을 실현한 나의 모습을 떠올리기 어렵다면 나와 같은 꿈을 실현한 사람의 옷차림, 화장, 헤어스타일을 따라 하는 것도 방법이다. 겉모습이 정돈되면 기분도 정돈된다. 기분이 정돈되면 그에 따라 눈에 비치는 풍경이나 현실에도 변화가 생기며, 사람에 따라서는 지금까지 전혀 인연이 없었던 사람과 인연이 닿기도 한다. 의식적으로 겉모습에 변화를 주어 새로운 경험을 많이 해보자. 현실에서 경험한 일, 느낀 점, 새로운 인연 등이 모두 기억의 형태로 잠재의식에 새겨질 것이다. 새로운 기억이 잠재의식에 새겨짐으로써 무의식중의 선택에도 변화가 생기게 된다.

　이상적인 나 자신, 꿈을 이룬 나 자신, 나와 같은 꿈을 이룬 사람이 명품을 두르고 있을 수도 있고, 화장이나 헤어스타일을 바꾸는 데에 돈이 들 수도 있다. 무리하지 말고 주어진 한도 내에서 할 수 있는 만큼만 변화를 주도록 하자. 돈을 쓰면 효과가 더 좋을 것이라고 믿는 사람도 있지만, 대부분의 경우 돈은 쓰면 없어진다. 겉모습이 중요하다고 해서 저금한 돈을 다 써버리거나 빚을 지는 일이 생긴다면 그야말로 본말전도라고 할 수 있다. 꿈을 실현한 멋진 사람이라면 그런 무모한 일은 하지 않았을 것이다.

　겉모습에 변화를 주는 것은 잠재의식에 새로운 기억을 주입하는 방법 중 하나다. 잠재의식에 새로운 기억을 주입하는 방법은 이것 하나뿐만이 아니니 돈은 어디까지나 계획적으로 사용하기 바란다. 참고로 나는 월수입이 2000만 원 가까이 될 때도 택시를 타는 일은 거의 없었고, 고급 호텔에 묵는다거나 비싼 시계나 자동차를 사는 일도 없었다. 사무실은 임대였고, 월세는 50만 원을 넘지 않았다. 돈을 써야 한다고 적극적으로 권하는 사람도 있고, 때로는 자기 자신에게 과감하게 투자할 필요가 있을 때도 있지만, 기본적으로 나는 성실함이 중요하다고 생각한다.

긍정뇌로 리프로그래밍 ㉘
나와 어울리는 장소에 찾아가기

이상적인 나 자신의 겉모습과 마찬가지로 이상적인 나 자신이 있을 법한 장소에 실제로 가보는 것도 좋다. 매일 쳐다보는 이상적인 자신, 꿈을 실현한 나 자신의 이미지에 어울리는 장소를 찾아가보자.

· 호텔 라운지.
· 클럽 라운지.

· 바.

· 콘서트홀.

· 넓은 강연회장.

· 휴양지.

· 열차의 특실.

· 비행기의 비즈니스석.

· 멋진 레스토랑.

　꿈이나 이상은 사람마다 다르기 때문에 이상적이라고 생각하는 장소도 모두 다를 것이다. 그 장소에서 눈에 보이는 풍경, 귀에 들리는 소리, 코로 느껴지는 냄새나 피부로 느껴지는 공기 등을 오감을 사용해 만끽해보자. 사진이나 동영상을 찍는 것도 추천한다. 집에 돌아오면 자신이 찍은 사진과 동영상을 다시 한번 본 다음 눈을 감고 자신이 지금 그 장소에 있다고 상상하면서 그곳의 풍경, 소리, 냄새, 공기 등을 떠올려보자. 이렇게 하면 단순한 상상보다 훨씬 더 현장감이 느껴지기 때문에 구체적인 경험으로 잠재의식에 기억되기 쉽다. 이미지를 되새기는 것은 가능하다면 매일 반복하는 것이 좋다.

만약 어떤 장소를 찾아가야 좋을지 모르겠다면 나와 같은 꿈을 실현한 사람이 어떤 곳에 가는지 알아보고 그곳에 가보는 것도 좋다. 앞에서 소개한 겉모습과 마찬가지로 장소를 방문하는 데 있어서도 무리하지 않는 것이 중요하다. 호텔 라운지에서 파는 커피는 한 잔에 만 원이 넘는다. 평소 편의점 커피만 마시는 사람이 갑자기 매일 호텔 라운지 커피를 마시려고 하면 돈이 금방 바닥날 것이다. 호텔 라운지 커피를 마시다가 다시 편의점 커피를 마시면 가난해지는 느낌이 든다는 사람도 있지만 신경 쓸 필요 없다. 나는 가끔 호텔 라운지를 이용하지만 동시에 편의점 커피도 마시고 스타벅스도 간다. 중요한 것은 가능한 범위 내에서 그 경험을 즐기는 것이다.

또 고급 호텔에 갔을 때, "이런 멋진 곳은 자주 오기 힘들다" "다음에는 언제 다시 올 수 있을지 모르겠다"는 식의 말은 하지 않는 것이 좋다. 그런 말을 하면 정말로 그렇게 될 가능성이 커지기 때문이다. '언제 다시 올 수 있

을지 모르겠다'가 아니라 '조만간 다시 올 수 있겠지'라
고 생각하자.

중요한 것은 본인이 이상적이라고 생각하는 장소를
방문해서 그곳에서 보이는 풍경, 들리는 소리, 냄새, 공
기 등을 기억에 새기는 것이다. 그리고 매일 밤 그 내용
을 상기하는 것이다. 이렇게 하면 경험한 내용이 잠재기
억에 새겨질 가능성이 더 커진다.

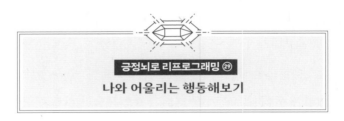

긍정뇌로 리프로그래밍 ㉙
나와 어울리는 행동해보기

잠재의식에 기억을 새기는 데 있어서 실제로 체험하는
것만큼 확실한 방법은 없다.

· **이상적인 내게 어울리는 행동**

· 꿈을 실현한 내게 어울리는 행동

　앞과 같은 행동을 실제로 해보자. 꿈을 실현한 내게 어울리는 행동 중 지금 내가 할 수 있는 것을 해보자. 나는 오래전부터 이것을 실천에 옮겨왔다.

　· 남에게 영감을 주는 사람이 되고 싶었기에 아무것도 아니었을 때부터 내가 가진 정보를 남들과 공유했다.
　· 세미나 강사가 되고 싶어서 세미나를 개최했다.
　· 출판을 하고 싶어서 출판 예정 강연회를 개최했다.

　이 행동들은 모두 꿈을 실현한 내가 할 것 같은 것이었다. 당시 나는 아무것도 아니었지만 무작정 내가 가진 정보를 공유하고 세미나를 열었다. 물론 규모나 내용은 지금과 비교가 되지 않을 정도로 소소했고 수준도 낮았지만 말이다. 어쨌거나 실제로 해봄으로써 정보 발신자로서의 기억, 세미나 강사로서의 기억, 저자로서의 기억 등을 잠재의식에 효과적으로 새길 수 있었다.

- 이상적인 내게 어울리는 행동.

- 꿈을 실현한 내게 어울리는 행동.

- 꿈을 실현한 내가 할 것 같은 행동 중 지금 할 수 있는 것.

우선은 이 가운데 바로 시도해볼 수 있는 간단한 것부터 시작해보자. 사람들은 뭔가 대단한 일을 하지 않으면 현실이 변하지 않을 거라고 생각해서 처음부터 허들을 지나치게 높게 설정하는 경향이 있다. 하지만 낮은 허들을 하나씩 넘어가다 보면 언젠가는 높은 허들도 넘을 수 있게 되는 법이다. 우선은 낮은 허들부터 넘어보자.

긍정뇌로 리프로그래밍 ㉚
아침마다 스스로 받아들이기

매일 아침, 다음 페이지에 나오는 문장을 소리내어 읽어보자. 내가 운영하는 유튜브 '파동 채널'에서는 아침마다 듣기만 해도 기적이 일어나는 아침의 주문 영상을 제공하고 있는데, 이것은 바로 그 아침의 주문을 약간 변형한 것이다. 유튜브에 올려놓은 영상에서는 내가 주문을 외우면서 전체적인 신체 상태가 제자리를 찾아가도록 하고 있기 때문에 이를 본 구독자들로부터 아침마다 듣기만 했는데도 변화를 느낄 수 있었다는 의견이 끊이지 않는다. 유튜브 영상을 찾아봐도 좋고, 다음 페이지에 실린 문장을 스스로 읽어봐도 좋다. 물론 둘 다 하면 더욱 좋다. 최소 3개월은 매일 해야 한다. 참고로 지나치게 감정을 싣거나 온 힘을 다할 필요는 없다. 편하게 듣거나 읽기만 해도 그 작업을 계속하면 자연스럽게 잠재의식 속으로 침투하게 돼 있다.

· 오늘 나는 기적 같은 하루를 경험할 것이다.

· 오늘 나는 기적을 목격할 것이다.

· 오늘 나는 지금까지 깨닫지 못했던 사랑을 깨닫게 될 것이다.

· 지금까지 깨닫지 못했던 재능을 깨닫게 될 것이다.

· 지금까지 깨닫지 못했던 능력을 깨닫게 될 것이다.

· 지금까지 깨닫지 못했던 가치를 깨닫게 될 것이다.

· 그것들은 지금까지도 그 자리에 있었지만 단지 내가 깨닫지
  못했을 뿐이다.

· 사랑도, 재능도, 능력도, 가치도, 모두 내 안에 있다.

· 기적은 바로 내 곁에 있다.

· 오늘 나는 이것들을 깨닫고 확인할 수 있다.

· 어제까지의 내가 대단한 성과를 거뒀다 하더라도, 반대로 대
  단한 성과를 거두지 못했다 하더라도, 나에게는 아직 더 큰
  가능성이 남아 있다.

· 내 인생에는 아직 더 큰 가능성이 남아 있다.

· 기적 같은 하루를 불러오기 위해 필요한 것은 스스로 믿는 힘.

· 나는 나를 의심하지 않는다.

· 나는 나를 믿는다.

· 나는 멋지다.

· 나는 가치가 있는 사람이다.

· 나에게는 무한한 가능성과 재능이 있다.

· 오늘 나는 긍정적인 나를 내세우고 행동하며, 부정적인 나를 받아들일 것이다.

· 그리고 오늘 나는 기적 같은 하루를 경험할 것이다.

· 나는 기적을 목격할 것이다.

· 기적은 바로 내 곁에 있다.

나는 황금빛으로 둘러싸인 공간에서 입꼬리를 올리고 심호흡을 한다. 바로 지금 이 순간부터 내가 정말로 살고자 한 기적 같은 하루가 시작될 것이다.

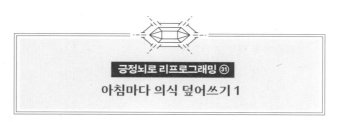

긍정뇌로 리프로그래밍 ㉛
아침마다 의식 덮어쓰기 1

우리의 의지에는 엄청난 힘이 있다. 아침의 주문은 매우 효과가 있지만 그보다 더 효과적인 것이 '아침마다 의식

덮어쓰기'다. 의지의 힘이나 단정하기의 효과에 관해 아는 사람은 많지 않다. 스스로 정하면 현실은 그에 따라 반응하게 돼 있다. 스스로 정하지 않으면 다른 사람의 영향을 받아 휘둘리게 된다. 이상적인 새로운 기억을 덮어쓰거나 지금까지 경험한 적 없는 새로운 일을 체험하기 위해서는 오늘 하루를 어떤 날로 만들 건지 정하는 것이 중요하다. 정했다면 소리내어 말해보자.

- 최고로 행복한 날로 만들겠다.
- 웃음 가득한 날로 만들겠다.
- 모든 일이 술술 풀리는 날로 만들겠다.
- 멋진 하루를 만들겠다.
- 영광스러운 하루를 만들겠다.

이런 식으로 아침마다 가슴에 손을 얹고 거울 앞에서 선언해보자. 자신이 선언한 내용에 따라 정말로 그런 하루를 보내게 될 것이다. 다만 누구에게나 안 좋은 일은 일어나기 마련이다. 안 좋은 일이 생겼을 때 '확언을 했는데 왜 일이 잘 안 풀리는 거지?'라고 실망할 필요는 없다. 스스로 선언한 것은 반드시 실현되게 돼 있다. 그러니 안 좋은 일이 생겼다면 '여기서 어떻게 변해갈까?' '앞으로 일이 어떻게 풀리게 될까?' 하고 스스로 물어보자.

해피엔딩으로 끝날 것이 뻔한 영화라 할지라도 스토리가 전개되는 와중에는 온갖 갈등과 고난이 발생하기 마련이다. 갈등과 고난을 딛고 해피엔딩을 향해 나아가는 것이다. 우리의 하루도 마찬가지다. 선언했다면 그대로 이루어질 테니 안 좋은 일이 생기더라도 동요하거나 실망하지 말자.

긍정뇌로 리프로그래밍 ㉜
아침마다 의식 덮어쓰기 2

이상적인 나 자신을 실현하기 위해서는 오늘은 어떤 내

가 될 것인지 정해보는 것도 효과적이다. 종종 "진정한 나를 찾고 싶다"라고 하는 사람들이 있는데 진정한 나는 찾는다고 해서 찾아지는 것이 아니다. 진정한 나는 찾아가는 것이 아니라 만들어가는 것이기 때문이다. 그러니 자아발견이 아니라 자아실현이라고 말하는 것이 더 정확하다. 인간은 기본적으로 다중인격이라고 할 수 있으며, 누구나 자기 안에 다양한 자아를 가지고 있다.

- 멋진 나, 형편없는 나.
- 성실한 나, 게으른 나.
- 자랑스러운 나, 한심한 나.
- 상냥한 나, 매정한 나.

하루를 살아가다 보면 내 안에 있는 다양한 자아가 그때그때 필요에 따라 등장해 각각의 상황에 대처하게 된다. 앞에서 "진정한 나는 찾는다고 해서 찾아지는 것이 아니다"라고 한 것은 애초에 수많은 내가 모여서 나를 이루고 있다 보니 그중 어느 하나를 콕 집어서 "이것이야말로 진정한 나"라고 말하는 것은 불가능하기 때문이다.

그리고 내 안에 존재하는 수많은 자아 중에는 선천적으로 가지고 태어난 자아가 있는가 하면 지금까지 살아오면서 만들어진 자아도 있다. 지금까지 살아오는 과정에서 새롭게 만들어진 자아가 있다는 말은 곧 앞으로 새로 만들어나갈 수도 있다는 뜻이다.

잠재의식에 기억으로 저장해야 하는 것은 '긍정뇌로 리프로그래밍 ㉖ 말로 표현하기'에서 설명한 이상적인 내 모습이다. 매일 아침마다 그중 하나를 골라서 오늘은 어떤 내가 될 것인지 정해보자.

· **오늘은 쾌활한 사람이 돼보자.**

· **오늘은 멋진 사람이 돼보자.**

· **오늘은 배려심 많은 사람이 돼보자.**

· **오늘은 싹싹한 사람이 돼보자.**

· **오늘은 인플루언서가 돼보자.**

· **오늘은 최고로 운이 좋은 사람이 돼보자.**

· 오늘은 미소가 돋보이는 사람이 돼보자.

· 오늘은 반짝반짝 빛나는 사람이 돼보자.

어떤 내가 될지 정했다면 가슴에 손을 얹고 소리내어 말해보자. 이렇게 하면 그날 하루는 그런 내가 돼 그에 맞는 현실을 경험하게 될 것이고, 그 기억이 잠재의식에도 저장될 것이다. 처음에는 잘 되지 않을지도 모른다. 처음에는 어렵더라도 계속하다 보면 점차 그런 나에 가까워지고 실제로도 그런 일이 일어나게 될 것이다.

긍정뇌로 리프로그래밍 ㉝
자기 전 질문하기

지금까지 아침 습관에 관해 말했으니 이번에는 밤의 습관에 관해 말해보고자 한다. 앞에서도 말했듯이 취침 전 습관은 매우 중요하다. 밤을 어떻게 보내는지가 인생을

결정한다고 해도 과언이 아니다. 밤 습관으로 추천하고
싶은 것이 바로 '자기 전 질문하기'다.

"내일 하루를 더 멋진 하루로 만들기 위해 할 수 있는
일은 어떤 게 있을까?" 잠자리에 들기 전 자기 자신에게
이렇게 질문한 후 내일 할 일을 적어보자. 어떤 것이라도
상관없다. 실천하는 것이 중요하니 반드시 할 수 있는 일
을 적도록 하자.

- 출퇴근할 때 평소와 다른 길로 간다.
- 사무실에 꽃을 장식한다.
- 미소를 잃지 않는다.
- 힘차게 인사한다.
- 멀리까지 가본다.
- 나에게 선물을 한다.

어떤 것이라도 좋으니 일단 적어보자. 다음 날이 되
면 적은 것을 실천에 옮기고, 밤이 되면 다시 질문을 하

고 답을 적어보자. 다시 한번 말하지만 반드시 할 수 있는 일을 적는 것이 중요하다. 참고로 "내일 하루를 더 멋진 하루로 만들기 위해 할 수 있는 일은 어떤 게 있을까?"라는 말에는 최면 효과도 있다. 사실 이 말에는 오늘은 멋진 하루였다는 전제가 깔려 있다. 이 말을 함으로써 자동적으로 '오늘은 멋진 하루였다'는 정보가 잠재의식에 새겨진다. 스스로 설정한 과제를 다음 날 실천에 옮기고, 밤이 되면 자신에게 이 질문을 또 해보자. 이 작업을 반복하다 보면 매일매일이 멋진 날이 되고, 멋진 기억이 잠재의식에 새겨질 것이다.

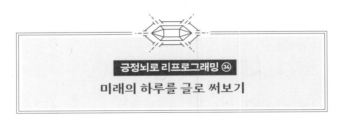

긍정뇌로 리프로그래밍 ㉞
미래의 하루를 글로 써보기

지금까지 설명한 방법을 계속하다 보면 이상적인 상태, 이상적인 자신의 모습을 좀 더 구체적으로 상상할 수 있다. 이번에는 미래의 자신이 보내게 될 하루를 구체적으로 상상해서 적어보자.

- **몇 시에 일어나 무엇을 하고 어디에서 누구와 어떤 하루를 보내고 있을까?**
- **밤에는 무엇을 하고 있을까?**
- **일을 하고 있을까?**
- **어떤 일을 하고 있을까?**
- **놀고 있을까?**
- **무엇을 하며 놀고 있을까?**

자유롭게 생각나는 대로 종이에 적어보자. 종이에 직접 적어보면 상당히 구체적인 이미지를 그릴 수 있다. 앞에서 말했듯이 우리의 뇌는 실제로 일어난 일과 상상한 일을 구분하지 못하기 때문에 미래의 내가 보내고 있을 하루를 종이에 적으면 뇌에서는 그것이 실제로 있었던 하루로 처리된다. 상상하는 것은 자유이니 부디 멋진 이미지를 몇 번이고 반복해서 그려보기 바란다.

미래의 비전이 명확해졌다면 다음 단계로 그것을 다른
사람에게 말해보자. 혼자 머릿속으로 생각한 것을 직접
말로 해보면 제대로 정리되지 않는 경우가 많다. 남에게
말함으로써 머릿속에서 생각이 정리되고 부족한 부분을
보완할 수 있다.

생각이 정리되면 그와 관련된 정보가 잠재의식에 새겨
지고, 그 과정에서 경험한 내용도 모두 잠재의식에 새겨
진다. 다만 한 가지 주의해야 할 점이 있다. 비전은 아무
에게나 말해도 되는 것이 아니다. 상대는 내가 신뢰할 수
있는 사람, 나를 진심으로 응원해주는 사람이어야 한다.
앞에서도 말했듯이 세상에는 의욕을 꺾는 말을 하는 사
람들이 많다. 그런 사람에게 나의 꿈에 관해 말하면 다음

과 같이 이야기할 것이다.

· **가능할 리가 없다.**

· **설마 될 거라고 생각하는 거냐?**

· **분명 실패한다.**

· **너 같은 게?**

· **현실을 살아라.**

그들은 종종 이런 식의 알기 쉬운 조롱이나 비아냥을
한다.

· **괜찮겠어?**

· **그렇게 무리하지 않아도 돼.**

· **지금도 충분히 행복하잖아.**

혹은 이렇게 겉으로는 당신을 걱정하는 것처럼 보이
지만 사실은 당신의 발목을 붙잡는 말들을 한다. 나 역시
과거 다니던 회사에 사표를 냈을 때 상사에게 실패할 게

뻔하다는 말을 들었다. 나는 지기 싫어하는 성격이다 보니 그 말을 듣고 '두고 봐라. 내가 반드시 성공해서 코를 납작하게 만들어주겠다'라며 오히려 투지를 불태웠지만, 그런 말을 들은 것만으로도 의욕이 꺾여버리는 사람도 있다. 그러니 자신의 꿈은 진정 신뢰할 수 있는 상대에게만 말하는 것이 좋다.

만약 진심으로 나를 응원해주는 믿을 수 있는 상대가 "시기상조다" "조금 더 시간을 두고 노력해보는 것이 좋지 않겠냐"고 말한다면 그 의견에는 충분히 귀를 기울일 필요가 있다.

가끔 내 강연을 들으러 와서 지금 다니는 회사를 나와 자기 사업을 하고 싶다면서 고민 상담을 하는 사람들이 있다. 물론 나는 내 강연에 온 사람들을 진심으로 응원하지만, 누가 봐도 준비가 부족한 경우에는 "아직 이르다" "좀 더 준비가 필요하다"라고 솔직히 말한다. 꿈을 확실하게 실현하기 위해 반드시 필요한 조언이기 때문이다.

"누워서 침 뱉기"라는 말이 있다. 남을 비판하는 것은 결국 자기 자신을 비판하는 것과 같다는 뜻이다. 다른 사람을 비판할 때, 본인은 상대에 관해 말하고 있다고 생각하겠지만 실제로는 자기 자신에 관해 말하고 있는 것이다. 우리는 보통 상대에게서 자기 안에 있는 무언가를 발견하고 그에 관해 반발심이나 거부감을 느낀다. 반대로 남을 칭찬하는 것도 마찬가지다.

누군가를 보고 굉장하다고 생각하는 부분은 자기 안에도 그런 부분이 있기 때문에 그렇게 느껴지는 것이다. 조하리의 창 설명에서 말했던 '닮고 싶은 상대의 특징'처럼 말이다. 그러므로 매일 다른 사람들을 되도록 많이 칭찬하는 습관을 들이자. 칭찬하는 게 익숙하지 않다면 다음과 같이 말해보자.

· 저 사람 진짜 멋지다! 왜냐하면… (이유).
· 저 사람 진짜 존경스럽다! 왜냐하면… (이유).

뒤에 붙는 이유에 해당하는 부분을 종이에 적어보자.
그리고 상대를 칭찬한 뒤에는 이렇게 말해보자.

내 안에도 그런 부분이 있다.

남 앞에서 말할 만한 내용은 아니니 마음속으로 말하
는 것이 좋겠다.

① 다른 사람을 많이 칭찬하기.
② "내 안에도 그런 부분이 있다"라고 말하기 혹은 마음속으
　　로 생각하기.

이 두 가지를 반복하는 과정에서 이상적인 기억이 잠

재의식에 새겨지게 될 것이다. 남을 칭찬하기가 싫을 때
는 '칭찬하는 요소가 내 안에도 있다'는 사실을 기억하기
바란다. 남을 칭찬하는 행위는 결국 나에게도 좋은 영향
을 미친다.

핵심 포인트

. . . .

아직 꽃피지 않은 가능성과 재능을 발견하고 이를

꽃피우기 위해서 다음과 같이 해보자.

① 칭찬을 받아들인다.

② 닮고 싶은 상대의 특징을 수집한다.

③ '우연히 성공했다'라고 생각하지 말고 솔직하게 받

　아들인다.

5장

뇌를 바꾸자
성공 시대가
시작됐다

이상을 뛰어넘는 현실

지금까지 살펴본 내용은 다음과 같다.

① 부정적인 기억의 영향을 없앤다.

② 긍정적인 기억을 늘리기 위해 좋은 일이 일어날 가능성을 높인다.

③ 지금까지 경험한 적 없는 멋진 일에 관한 기억을 주입한다.

앞의 내용을 꾸준히 실천에 옮기면 지금까지 경험한 적 없는 현실을 경험하게 될 것이다. 이번 장에서는 잠재의식을 더욱 강화함으로써 꿈꾸는 인생을 손에 넣을 수 있는 비결에 관해 알아보고자 한다.

사실 우리가 살고 있는 현실은 때로 우리에게 상상할

수조차 없는 멋진 현실을 선사하곤 한다. 이상을 뛰어넘는 현실. 이번 장에서 설명할 내용은 바로 이것을 실현하기 위한 방법이다.

이상을 뛰어넘는 현실이라는 것이 과연 존재하는지 의문을 제기하는 사람도 있을 것이다. 나 자신이 무엇보다 확실한 증거다. 현재 나는 과거의 내가 상상했던 것보다 훨씬 더 멋진 현실을 살고 있다. 이것은 매우 감사한 일이며, 나는 매일 주위의 모든 것에 감사하며 살아가고 있다.

상상했던 것보다 더 멋진 현실이 펼쳐진다는 것은 이론적으로 설명이 불가능하다. 우리가 지금까지 살펴본 방법은 '상상한 것이 현실로 이뤄진다'라는 것을 전제로 하고 있기 때문이다. 하지만 이상을 뛰어넘는 현실은 실제로 존재하며, 당신도 얼마든지 그런 기적과도 같은 삶을 살 수 있다.

예로부터 많은 사람이 아웃풋의 중요성을 강조해왔다.
내가 이렇게 책을 통해 독자들에게 내 이야기를 들려줄
수 있게 된 것은 내가 지식도 없고 스킬도 없고 인맥도
없고 경험도 없었을 때부터 꾸준히 세상을 향해 목소리
를 낸 덕분이다. 정보 발신은 무한한 가능성을 내포하고
있으며 '이상을 뛰어넘는 현실'을 가능하게 만든다. 정보
발신은 잠재의식에 다음과 같은 영향을 미친다.

- **학습한 내용이 기억된다.**
- **뇌에 입력된 내용이 정리된다.**
- **이상적인 셀프 이미지가 강화된다.**

시험을 잘 보는 비결 중 하나는 시험 범위에 해당하는

내용을 정리해서 노트에 전부 옮겨적는 것이다. 손으로 쓰는 과정을 통해 지식이 기억으로 바뀌기 때문이다. 학습한 내용을 밖으로 내보내는 것은 매우 중요하다. 직접 손으로 적어 봄으로써 새롭게 학습한 수많은 기억이 잠재의식에 새겨진다.

또 정보 발신에는 뇌에 새겨진 기억을 정리하는 효과도 있다. 한 번이라도 사람들 앞에서 강연을 해본 사람이라면 누구나 공감하는 사실 중 하나가 바로 '강연을 통해 가장 많이 배우는 사람은 바로 나 자신'이라는 점이다. 입 밖으로 소리를 내어 말하는 과정을 통해 뇌 안에 저장된 기억들이 서로 연결돼 새로운 기억을 만들어내기 때문이다. 지금까지 존재하지 않았던 새로운 기억이 생겨남으로써 지금까지와는 다른 새로운 세계를 만날 기회를 얻는다.

하지만 대부분 '나 같은 게 무슨…' '내가 가진 지식이나 정보 따위 (별것 아닌데)'라고 생각해서 이를 실천에 옮기지 않는다. 많은 사람이 이렇게 생각하는 이유는 '나는 가치 있는 사람이다'라고 느낄 만한 기억, 이른바 성공 경험이 거의 없어서다. 내가 가진 것이 별것 아니라고 생각하면 현실에서도 그에 맞는 일들이 일어나고 잠재의식에는 그 기억이 새겨진다. '나 같은 게 무슨…'이라고 생각하는 사람은 자신이 가진 지식이나 경험을 공유하려 하지 않는다. 반대로 '나는 가치 있는 사람이다'라고 생각하는 사람은 적극적으로 자신이 가진 정보를 남들과 공유하려고 한다.

그러니 용기를 내서 정보를 발신해보자. 처음에는 나 자신이 가치 있는 존재라고 생각되지 않더라도 상관없다. '어쩌면 가치가 있을지도 모른다' 정도면 충분하다. 스스로 가치 있는 존재라고 믿기 힘들더라도 일단 그렇게 믿는 사람처럼 행동하면 자연스럽게 그에 걸맞은 현실이 실제로 눈앞에 나타날 것이다. 이런 경험을 하고 그 경험이 잠재의식에 기억으로 저장되면 '나는 가치 있는 사람이다'라는 이상적인 셀프 이미지가 만들어진다.

정보 발신은 성공한 사람만 할 수 있는 것이 아니다. 지금 내가 가지고 있는 정보를 세상을 향해 적극적으로 발신해보자.

긍정뇌로 리프로그래밍 ㊳
다른 사람 응원하기

기본적으로 멘탈이 엄청나게 강한 사람이 아닌 이상 인간은 약한 존재다. 그렇기 때문에 혼자 있을 때는 부정적인 생각이 들기 쉽다. 성공한 사람은 혼자 노력해서 성공한 것이 아니라 서로 응원하면서 함께 성장하는 친구가 곁에 있는 경우가 많다. 멋진 현실을 실현하기 위해서는 서로를 진심으로 응원하고 힘을 북돋아주는 친구의 존재가 무엇보다 중요하다. 좋은 친구가 곁에 있으면 다음과 같은 효과를 기대할 수 있다.

① 내가 몰랐던 나에 대해 알 수 있다.

② 나도 할 수 있다는 생각이 든다.

③ 나 자신을 응원하게 된다.

앞서 조하리의 창을 설명할 때도 말했듯이 모든 인간은 자기 자신에 관해 절반밖에 알지 못한다. 혼자서 스스로 완벽하게 파악하는 것은 불가능하다.

"너는 이런 부분이 대단한 것 같다"는 친구의 말을 들으면 지금까지 깨닫지 못했던 나 자신의 재능이나 장점을 발견할 수 있다. 또 친구의 재능을 칭찬함으로써 내 안에 있는 미지의 재능을 발견하기도 한다. 이처럼 서로를 진심으로 응원하는 친구가 있으면 혼자서는 깨닫기 어려운 나 자신의 다양한 모습을 발견할 수 있다. 다양한 나를 발견함으로써 지금까지와는 다른 현실을 볼 수 있고, 그 기억이 잠재의식에 새겨진다.

인간은 성공한 사람을 과대평가하는 경향이 있다. 성

공한 사람은 '원래부터 대단한 사람이었다' 혹은 '천부적인 재능이 있었다'라고 생각한다. 하지만 나와 비슷하게 안 좋은 면도 있고, 나와 비슷하게 자신감도 부족하며, 여러모로 나와 비슷한 처지에 놓인 친구가 어떤 일에 도전해서 성공하는 모습을 보면 '어쩌면 나도 노력하면 가능할지도?'라고 생각하게 된다.

인간 뇌의 가장 놀라운 특징은 생각을 현실로 만든다는 것이다. 일단 한번 '가능할지도?'라고 생각이 들었다면 뇌는 이것을 실현하기 위한 재료를 열심히 찾아 정말로 이를 가능하게 만든다. 하지만 모든 재료가 다 준비됐다고 해도 스스로 믿고 응원하는 마음이 없다면 아무 일도 일어나지 않는다.

여기서 중요한 것은 타인을 응원하면 나 자신도 응원하게 된다는 사실이다. 우리의 뇌는 나와 남을 구분하지 못한다. 다시 말해 다른 사람에게 한 말은 나 자신에게 한 말과 같다는 뜻이다. 그래서 프로 골퍼 타이거 우즈는

대전 상대가 퍼터를 휘두를 때 마음속으로 '들어가!'라고 외쳤다고 한다. 이처럼 다른 사람에게 말하거나 생각한 내용은 나 자신에게도 영향을 미친다.

남에게 "그런 게 가능할 것 같아?" "너한테는 무리야"라는 말을 하면 나중에 자기가 어떤 일에 도전하게 됐을 때 그 말이 똑같이 머릿속에 계속 맴돌 것이다. 반대로 "너라면 반드시 성공할 거야!" "괜찮아! 무슨 일이 있더라도 내가 도와줄게!"라고 상대를 응원한다면 나중에 자기가 어떤 일에 도전하게 됐을 때도 똑같이 용기가 솟아날 것이다. 이렇듯 서로를 진심으로 응원해주는 친구의 존재는 큰 힘이 된다.

이상을 뛰어넘는 현실을 실현하기 위해서는 내가 가고자 하는 미래를 나보다 앞서 걸어가고 있는 상대와 함께 시간을 공유하면서 그 상대의 지식, 사고방식, 가치관 등을 보고 배울 필요가 있다. 멘토란 좋은 지도자를 의미하며, 다음과 같은 멘토는 인생에 많은 도움이 된다.

· **다양한 분야의 멘토.**

· **인생을 이끌어주는 멘토.**

지금의 나는 가지고 있는 기억의 영향을 받아 나에게 주어진 현실을 경험하고 있다. 따라서 내가 가지고 있지 않은 기억(지식, 사고방식, 가치관)을 받아들이면 지금과는 다른 현실을 접할 수 있다. 또 한 사람이 가진 지식과 가치관은 자기 분야에만 쏠리는 경향이 있다. 그것만으로는 좋은 현실을 경험하기란 어렵다. 되도록 다양한 멘토를 만나 함께 시간을 보내는 것이 좋다.

나는 지금까지 다양한 사람들로부터 비즈니스 노하우, 신문물 다루는 법, 인생관, 나와 다른 연령대가 가지고 있는 생각, 이성의 시점에서 바라보는 세상 등에 대해 배울 수 있었다. 멘토가 반드시 그 분야의 프로여야 할 필요는 없다. 나와 다른 부분이 있다면 누구에게서든 배울 점이 있다.

예전에 내가 주최한 강연에서 합숙을 간 적이 있었다. 합숙 프로그램 중 하나인 등산을 하던 중에 우연히 나뭇가지 사이에 쳐진 거미줄을 발견했다. 그림처럼 완벽한 형태의 거미줄에 작은 물방울들이 맺혀 있었다. 그것을 보고 내 옆에 있던 참가자가 "와, 예쁘다"라고 감탄하듯 중얼거렸다. 내가 거미줄을 보고 처음 든 생각은 '징그럽다'였기 때문에 이것을 보고 예쁘다고 느끼는 사람이 존재한다는 사실이 믿기지 않았다. 물론 나처럼 징그럽다고 생각한 사람도 있겠지만 모두가 그렇게 생각하는 것은 아니라는 사실을 깨달았고, '예쁘다'라는 말이 내포하고 있는 의미의 다양성에 대해서도 생각해보게 됐다.

다양한 사람들을 만나 다양한 경험을 하고, 그것을 토대로 지금 내 안에 존재하지 않는 다양한 기억들을 적극적으로 받아들이도록 노력하자.

당신은 '운명적인 만남'을 믿는가? 살다보면 때로 우연한 만남, 예기치 않은 만남이 찾아오곤 한다. 누구나 인생을 뒤바꿀 만한 운명적인 만남을 한두 번은 경험한다. 특히 '이상을 뛰어넘는 현실'을 실현하는 데 있어 인생을 이끌어줄 멘토와의 운명적인 만남은 결코 빼놓을 수 없는 중요한 요소다. 운명적인 만남은 내가 원한다고 해서 바로 찾아오는 것이 아니다. 다만 다음과 같이 행동하면 운명적인 만남의 가능성을 높일 수 있다.

· **내가 원하는 미래를 이미 실현한 사람을 만나러 간다.**

· 내게 주어진 길을 최선을 다해 개척한다.

'내가 원하는 미래를 이미 실현한 사람'이 반드시 한 명일 필요는 없다. 가능하다면 많은 사람을 만나보기 바란다. 다양한 사람을 만남으로써 다양한 시야를 경험할 수 있으며, 개중에는 나와 맞지 않는 사람도 있을 것이다. 또 다양한 사람들을 만나는 과정에서 내가 추구하는 이상이 바뀔 가능성도 있다. 이런 식으로 롤모델과의 만남을 거듭하다보면 새로운 기억(사고방식이나 가치관)들이 여러분의 잠재의식에 하나하나 새겨질 것이다. 이 과정을 반복하면서 각자에게 주어진 길을 최선을 다해 개척하기 바란다.

인생을 이끌어줄 멘토와의 만남은 내가 어느 정도 성장한 후에 이뤄질 가능성이 있다. 반대로 말하자면 내가 아직 충분히 성장하지 않은 상태라면 운명적인 만남은 기대하기 어렵다. 꾸준히 정진하며 성장을 거듭하다 보면 운명적인 만남이 자연스럽게 찾아올 것이다. 마침내 나의 인생을 이끌어줄 멘토를 만났다면 되도록 많은 시간을 함께 보내기 바란다. 같은 시간을 공유하는 것만으로도 좋은 기억이 당신의 잠재의식에 새겨질 것이다.

긍정뇌로 리프로그래밍 ㊵
도전을 통해 확실하게 덮어쓰기

잠재의식을 덮어쓰는 데 성공하면 자동적으로 무의식중에 인생이 바뀌기 때문에 잠재의식을 '힘들여 노력하지 않고 멋진 인생을 손에 넣을 수 있는 편한 도구' 정도로 생각하는 사람이 적지 않다. 그런 사람들에게는 이 책의 마지막 챕터에서 '도전'에 관해 다룬다는 점이 이상하게 느껴질지도 모르겠다.

하지만 사실 '이상을 뛰어넘는 현실'을 실현하는 데 있어서 가장 중요한 요소는 바로 도전이다. 도전을 하면 다음 두 가지 요소가 잠재의식에 새겨진다.

① 새로운 기억(경험, 지식, 스킬)이 주입된다.
② 자기 긍정의 기억이 주입된다.

지금까지 해본 적이 있는 일이나 내가 쉽게 할 수 있는 일은 도전에 해당하지 않는다. 도전이란 경험한 적 없는 일, 내가 해낼 수 있을지 없을지 모르는 일을 말한다. 도전을 하면 지금까지 경험한 적 없는 기억이 잠재의식에 새롭게 새겨지고, 도전하는 과정에서 고민하고 생각한 내용, 새로운 발견, 새롭게 배운 사실 등도 잠재의식에 새겨진다. 그 결과, 도전 전과 도전 후 잠재의식에 저장된 기억 정보는 완전히 달라진다.

인간이 도전할 수 있는 것은 자기 자신을 믿기 때문이다. 자신을 믿지 못하는 사람은 도전할 수 없다. 다시 말해 도전함으로써 자기 긍정의 기억이 잠재의식에 새겨진다는 말이다. 그러므로 용기를 내어 도전하면 자존감이 높아지고 강한 자신감을 갖게 된다. 성공한 사람들이 입을 모아 "행동하라" "도전하라"라고 말하는 이유가 바로 여기에 있다.

처음부터 자존감이 높은 사람이 성공하는 것이 아니라 도전을 거듭하는 과정에서 자존감이 높아지고 자신감이 생겨 마침내 성공하게 된다. 부디 다양한 도전을 통해 지금까지 경험한 적 없는 새로운 기억들을 잠재의식에 새겨넣기 바란다. 바로 그 기억들이 당신을 '이상을 뛰어넘는 현실'로 이끌어줄 것이다.

핵심 포인트

· ·

기적과도 같은 인생을 사는 비결은 이론적으로 설명할 수 있는 것이 아니다. 주위의 기운을 끌어들여 내가 가진 무한한 가능성을 믿고 셀프 이미지를 강화하는 동시에 자존감을 높여나가면 성공을 손에 넣을 수 있을 것이다. 포인트는 네 가지다.

① 정보 발신하기
② 응원하기
③ 다양한 분야의 멘토 만나기
④ 도전하기

인생을 가장 빠르게 변화시키는 비결

긍정뇌로 리프로그래밍에 관한 설명은 여기까지다. 이 책에서는 긍정뇌로 리프로그래밍하기 위해 잠재의식을 바꾸는 다양한 방법에 관해 소개했다. 한번에 전부 바꾸려고 하지 말고 가능한 것부터 하나씩 시도해보기 바란다.

- **쉬운 것부터 시작하기.**
- **한번에 바꾸려고 하지 말기.**
- **꾸준히 계속하기.**

많은 사람이 빨리 변화를 확인하고 싶은 나머지 처음부터 한번에 많은 것을 시도하려고 하는데 그렇게 되면 뇌가 '안정화 지향'의 덫에 빠져 원래대로 돌아가버린다. 쉽게 할 수 있는 것부터 시작해서 하나를 확실히 마무리한 후에 다음 단계로 넘어가도록 하자. 이 과정을 꾸준히 하면 나도 모르는 사이에 변해 있는 나 자신을 발견하게 될 것이다. 참고로 성공한 사람들은 한 가지 일을 꾸준히 반복하는 습관을 가지고 있다. 딱히 그들이 대단하거나 성실해서가 아니라 인생을 가장 빠르게 변화시키는 비결은 바로 꾸준함이라는 사실을 알고 있기 때문이다. 꾸준히 하는 것이 가장 합리적이고 효과적인 방법이기 때문에 그렇게 하고 있을 뿐이다. 서두르지 말고 꾸준히 하는 것이 중요하다.

한 가지 더 주의할 점이 있다. 나 자신이 변했다고 느끼더라도 안 좋은 기억은 잠재의식에서 사라지지 않고 그대로 남아 있다. 그러다가 상태가 안 좋아지면 긍정뇌로 리프로그래밍을 하기 전과 마찬가지로 지금까지 잊고 있던 안 좋은 기억이 되살아나기도 한다. 그렇다고 해서 '원래 상태로 돌아왔다'라고 실망할 필요는 없다. 그럴 때는 3장에서 이야기한 긍정적인 기억을 늘리는 방법을 따라 해보길 바란다. '원래 상태로 돌아왔다'라는 생각이 드는 것은 리프로그래밍을 소홀히 하고 있기 때문이다. 반복해서 하다 보면 다시 좋은 상태로 돌아갈 수 있다.

나는 현재 5장에서 말한 '이상을 뛰어넘는 현실'을 살고 있다. 과거에는 상상도 하지 못했던 멋진 인생을 살고 있는 것이다. 이렇듯 멋진 인생을 살기 위한 비결을 이 책에 모두 담았다. 여러분도 모두 잠재의식에 좋은 기억을 많이 새겨넣는 동시에 자신의 상태를 정돈하고 멋진 현실을 경험함으로써 긍정뇌로 리프로그래밍에 성공해 이제까지와는 다른 인생을 살기를 바란다.

마지막으로 이 책을 내는 데 도움을 주신 분들께 진심으로 감사드린다. 잠재의식에 관한 책을 내보자는 것은

WAVE출판 오이시 사토코 편집자님의 아이디어였다. 편집자님이 아니었다면 이 책이 세상에 나올 일은 없었을 것이다. 틈만 나면 게으름을 피우려고 하는 나를 끊임없이 응원하고 격려하며 책이 완성될 때까지 옆에서 물심양면으로 도와준 출판 프로듀서 엔도 레이키 씨에게도 감사드린다. 그 외 우리 회사 고객 여러분, 회원제 커뮤니티 하치후쿠카이 회원 여러분, 비즈니스 아카데미 회원 여러분, 파동 클럽 회원 여러분, 유튜브 시청자 여러분, 그리고 항상 우수한 업무 능력을 발휘하며 나에게 이 책을 집필할 시간을 마련해준 우리 회사 직원들에게 감사의 말을 전하고 싶다. 많은 분의 도움과 협력 덕분에 무사히 책을 출판할 수 있었다.

지금까지 많은 사람과 함께 발견하고 추구해온 행복의 지혜를 이번 출판을 계기로 앞으로 더 많은 이들과 공유할 수 있게 돼 더할 나위 없이 기쁘다.

아침의 주문

. . . .

오늘 나는 기적 같은 하루를 경험할 것이다.

오늘 나는 기적을 목격할 것이다.

오늘 나는 지금까지 깨닫지 못했던 사랑을

깨닫게 될 것이다.

지금까지 깨닫지 못했던 재능을 깨닫게 될 것이다.

지금까지 깨닫지 못했던 능력을 깨닫게 될 것이다.

지금까지 깨닫지 못했던 가치를 깨닫게 될 것이다.

그것들은 지금까지도 그 자리에 있었지만

단지 내가 깨닫지 못했을 뿐이다.

사랑도, 재능도, 능력도, 가치도, 모두 내 안에 있다.

기적은 바로 내 곁에 있다.

오늘 나는 이것들을 깨닫고 확인할 수 있다.

어제까지의 내가 대단한 성과를 거뒀다 하더라도,

반대로 대단한 성과를 거두지 못했다 하더라도,

나에게는 아직 더 큰 가능성이 남아 있다.

내 인생에는 아직 더 큰 가능성이 남아 있다.

기적 같은 하루를 불러오기 위해 필요한 것은

스스로 믿는 힘.

나는 나를 의심하지 않는다.

나는 나를 믿는다.

나는 멋지다.

나는 가치가 있는 사람이다.

나에게는 무한한 가능성과 재능이 있다.

오늘 나는 긍정적인 나를 내세우고 행동하며,

부정적인 나를 받아들일 것이다.

그리고 오늘 나는 기적 같은 하루를 경험할 것이다.

나는 기적을 목격할 것이다.

기적은 바로 내 곁에 있다.

긍정뇌로 리프로그래밍

초판 1쇄 인쇄 2025년 4월 7일
초판 1쇄 발행 2025년 4월 16일

지은이 구와나 마사노리
옮긴이 조여름
펴낸이 최순영

출판2 본부장 박태근
경제경영 팀장 류혜정
편집 임경은
디자인 홍세연

펴낸곳 ㈜위즈덤하우스 **출판등록** 2000년 5월 23일 제13-1071호
주소 서울특별시 마포구 양화로 19 합정오피스빌딩 17층
전화 02) 2179-5600 **홈페이지** www.wisdomhouse.co.kr

ISBN 979-11-7171-399-8 03190